개정판

UNDERSTANDING ENGLISH GRAMMAR

영어문법의 이해

박승윤 저

박영사

개정판 머리말

이 책은 대학 학부에서의 영문법 강의를 염두에 두고 쓰여졌다. 그동안 대학에서 영어와 영어의 문법을 가르치다 보니, 많은 학생들이 영어의 문법을 단편적으로 암기하여야 하는, 아무 의미가 없는(arbitrary) 규칙의 집합체로 알고 있음을 발견하였다. 그러나 영어의 문법은 의사소통(communication)이라는 언어의 기능(function) 혹은 목적에 비추어 보면 의미가 있는(make sense) 그리고 충분히 이해할 수 있는(sensible) 지식의 체계이다. 이러한 관점에서 이 책은 일상적인 영어 문법 사항을 그대로 열거하기보다는 영어의 문법을 언어학적 측면에서 이해하는 데 역점을 두었다. 따라서 가끔은 국어의 문법적 현상도 논의하였는데, 이는 영어를 올바르게 이해하는 데 국어의 이해가 효과적이기 때문이다. 그리고 Jespersen, Quirk 등의 전통문법(traditional grammar)과 Chomsky의 생성문법(generative grammar)이나 Givon, Kuno 등의 담화 화용론(discourse pragmatics)과 같은 현대 언어 이론을 자유롭게 엮어 영어의 문법적 현상을 가능한 한 이해하기 편하게 기술하려고 노력하였다. 그리고 문법 사항을 논의한 뒤에는 연습문제를 실어 이해를 확인하도록 하였다.

이 책에서는 여러 곳에서 의사소통 중심(communicative approach)의 영어교육의 원칙에 부합하는, 다양한 연습문제의 유형들을 제시하려고 노력하였다. 그러나 이들은 어디까지나 참고적 예시 정도라고 보아야 한다. 이를 참고로 하여 교사들이 보다 많은 다양한 창의적 연습문제들을 고안하여 가르친다면 이 책에서 논의한 영문법의 내용을 보다 효과적으로 교육할 수 있으리라 생각한다. 이 책의 분량은 한 학기 16주를 염두에 두었다. 그러다 보니 통상적인 영문법 책에서 발견되는 몇 가지 문법사항은 다루어지지 않았다. 예를 들어,

분사(participle), 관계대명사 절 구문, 비교구문, 각종 전치사 · 접속사에 연관된 현상들을 다루지 못하였다. 이는 후에 보완하기로 한다. 원고를 읽고 여러 가지 중요한 지적을 해 준 John Holstein 교수, 이명옥, 황주현 씨, 연습문제를 꼼꼼히 점검해준 문정원 양, 그리고 편집을 멋지게 도와준 김희주 양에게 사의를 표한다.

2011년 1월 10일

박 승 윤

차 례

국어와 영어간의 약어

N(noun)	명사
NP(noun phrase)	명사구
V(verb)	동사
V-ed(혹은 -ed)	동사의 과거형
V-en(혹은 -en)	동사의 과거분사형 (past participle)
PP (prepositional phrase)	전치사구
피영향자	patient
행위자	agent
정체성	identity

*는 올바르지 않거나(incorrect) 비문법적(ungrammatical)인 문장을 의미함.

제 1 장

시 제(Tense)

1. 서 론

1.1 시제(tense)는 시간(time)을 표시하는 형태이다. 시간은 인간이면 누구나 다 느끼는 관념이나, 이를 언어로 표시하는 형태는 언어마다 다를 수 있다. 따라서 시간은 보편적(universal)이나 시제는 언어에 따라(language-specific) 다르다. 영어의 시제는 보편적 시간의 관념을 영어에서는 어떻게 표시하는가, 즉 시간을 표시하는 형태가 영어에서는 어떤 것이 존재하고, 그 형태가 나타내는 시간 개념은 무엇인가 하는 물음에 관계된다.

논의에 들어 가기 앞서, 우선 시간과 시제는 다르다는 것을 이해할 필요가 있다. 언뜻 보기에 현재 시간(presnet time)은 현재시제(present tense)로, 과거 시간(past time)은 과거 시제(past tense)로 표지되어 시간과 시제를 구분할 필요가 있는가 하고 생각할 수도 있지만, 시간과 시제가 항상 같이 가는 것은 아니다.

(1) It is time you went to bed. (지금은 자러 갈 시간이다.)

(2) If I <u>were</u> there tomorrow, I <u>would</u> see you. (내일 내가 거기에 가면 너를 만나겠다.)

위에서 (1)은 현재 시간을 나타내나 시제는 과거로 되어 있고, (2)에서도 시간은 미래이나 시제는 과거로 되어있다. 이처럼 시간과 시제가 항상 상응하는 것은 아니다.

전통적으로 영어에는 12 시제가 존재한다고 알려져 왔다. 즉, 시간을 표시하는 형태가 영어에서는 12개가 존재한다는 것이다. 예를 들어, -s로 표지되는 현재시제, -ed로 표지되는 과거시제 그리고 will에 의해 표지되는 미래시제의 세 가지 기본시제가 있고, 이 기본시제 각각에 be -ing로 표지되는 진행시제와 have -en으로 표지되는 완료시제가 있다고 보는 것이다. 이를 도표로 표시하고 이에 대한 간단한 설명을 덧붙이면 다음과 같다.

■ 영어의 12시제 ■

(가) 기본시제

현재(Present)	John *works* during weekends.
과거(Past)	John *worked* during weekends.
미래(Future)	John *will work* during weekends.

현재시제는 발화 시점의 시간, 과거시제는 발화 시점 이전 그리고 미래시제는 발화 시점 이후의 시간을 나타낸다.

(나) 진행시제

현재진행 (Present Progressive)	John *is working* during weekends.
과거진행 (Past Progressive)	John *was working* during weekends.
미래진행 (Future Progressive)	John *will be working* during weekends.

진행시제는 각 기준시제가 나타내는 시점에서 그 당시 진행 중인 동작이 나타내는 시간을 가리킨다.

(다) 완료시제

현재완료 (Present Perfect)	John *has worked* during weekends.
과거완료 (Past Perfect)	John *had worked* during weekends.
미래완료 (Future Perfect)	John *will have worked* during weekends.

완료시제는 각 기준시제가 나타내는 시점에서, 그 시점에 동작이 완료 혹은 종결된 시간 개념을 가리킨다.

(라) 완료진행시제

현재완료진행 (Present Perfect Progressive)	John *has been working* during weekends.

과거완료진행 (Past Perfect Progressive)	John *had been working* during weekends.
미래완료진행 (Future Perfect Progressive)	John *will have been working* during weekends.

완료진행시제는 각 기준시제가 나타내는 시점에서, 그 시점에 동작이 완료되면서 동시에 어느 정도의 지속기간(duration)을 가지는 시간 개념을 표시한다고 이해된다. 이처럼 학교 문법에서는 12 시제가 존재한다고 주장하고 있다.

1.2

그러나 영어에서 이처럼 12시제가 존재하는가? 바꾸어 말하면 시간을 표시하기 위해 영어가 이와 같은 12개의 형태를 가지고 있는가? 결론부터 말하자면 그렇지 아니하다. 영어의 시제는 현재시제와 과거시제 둘밖에 없으며, 나머지는 모두 시제가 아니거나 아니면 시간을 나타내기 위해 다른 형태를 빌려쓰는 데 불과하다. 이렇게 빌려쓰는 형태는 엄밀하게 말하면 시제라고는 볼 수 없다.

영어에서 시제는 기본적으로 동사의 뒤에 붙는 접사(affix)의 형태로 표현된다. 예를 들어, 현재시제는 -s로 표지되고 (예, walk<u>s</u>), 과거시제는 -ed로 표지된다 (예, walk<u>ed</u>). 그러나 미래의 시간을 표시하는 데는 이러한 접사로 표시되는 형태가 없다. 그 대신 예외적으로 독립된 낱말인 will이 많이 쓰인다.

이처럼 미래라는 시간을 나타내는 데 will이라는 형태가 있으므로, will이 미래시제라고 생각될 수 있을는지 모른다. 그러나 will은, 다음의 (3)에서 볼 수 있는 것처럼, 기본적으로는 의도(intention) 라는 양태(modality) 의미를 나타내는 조동사이다.

(3) John WILL go. [대문자는 강세를 의미함]
(=John has the intention to go.)

그리고 조동사 will과 파생(derivation) 관계에 있는 명사로서의 will '의도'가 따로 존재한다. 이런 점에서 볼 때, will이라는 형태는 영어에서 미래라는 시간을 나타내기 위해 준비된 형태라고 보기는 어렵다. 더구나 will은 과거형인 would가 있는데, 만약 will이 미래의 표현이라면 would는 '과거미래'라는 모순된 의미를 지닐 것이다.

위에서 will이 미래를 나타내는 형태라고 하였지만, 영어에서 미래는 will에 의해서만 나타내어지지는 않는다. 다음에서 보듯이, will 이외에도, 적절한 부사(예, tomorrow, soon 등)의 도움을 받는다면, 미래는 현재시제에 의해서도 또 현재진행의 형태에 의해서도 나타내어진다.

(4) John leaves tomorrow. (현재시제)
(5) John is coming soon. (현재진행형)
(6) John is going to join us. (현재진행형)

이런 점에서 볼 때, will은 영어에서 미래를 나타내는 데 이용되는 여러 형태 중의 하나에 불과하다고 하는 것이 정확하다.

그러면 이 현상을 어떻게 이해하여야 할 것인가? -s 로 표지되는 현재나 -ed 로 표지되는 과거와는 달리, 왜 미래를 표현하는 데에는 이처럼 여러 가지 형태가 사용되는 것일까? 이를 위해 will에 관해 생각해 볼 필요가 있다. 영어에서 will은 기본적으로는 '의도'를 나타내는 조동사이다. 바꾸어 말하면 영어가 will이라는 낱말에 부여하는 기본적 의미는 '의사/의도'라는 양태적 의미(modal meaning)

이다. 그런데 의미상으로 볼 때 '의도'는 자연스럽게 '미래'로 연결되고, 이 때문에 will이 미래의 의미를 나타내는 데 빌려 쓰이게 된 것이다. (4)~(6)에서처럼 미래가 현재시제로도 또 현재진행형으로도 표시되는 것은 바로 영어에 미래를 표시하는 고유의(unique) 형태가 없기 때문이다.

(4)~(6)에서 현재형과 현재진행형이 미래라는 시간을 나타내는 데 쓰인다고 해서 현재형과 현재진행형을 미래시제로 볼 수는 없듯이, will이 미래 시간을 표시하는 데 쓰인다고 해서 will을 미래시제로 볼 수는 없다. 비유로, 만약 어떤 문화권에 빗이라는 도구가 없다고 생각해 보자. 이 문화권의 사람들은 머리를 빗어야 할 경우, 빗이 없으므로 빗이 아닌 다른 도구(예, 뾰죽한 물건이나 심지어는 손가락)를 빌려 머리를 빗을 것이다. 즉, 빗이 없으므로 빗 대신 다른 도구들이 빗는 데 사용되는 것인데, 이때 다른 용도를 위해 마련된 빗 대용구(예, 손가락)를 빗이라고 볼 수는 없는 것과 마찬가지이다. 이런 점에서 will은 원래는 의도의 조동사이며, 미래를 나타내는 데 차용되는(borrowed) 형태의 하나라고 보아야 한다. 단, 의미상의 가까움 때문에 will이 미래를 나타내는 데 가장 많이 이용될 뿐이다.

혹자는 역으로 will이 기본적으로는 미래 시간의 표지이고, 양태 조동사(modal auxiliary)로서의 will이 오히려 미래표지의 will로부터 파생된 것이 아니냐고 생각할지 모른다. 그러나 이는 옳지 않다. 왜냐하면, '미래성'과 '의도성' 사이에는 '의도성 ⊃ 미래성'은 성립하지만 '미래성 ⊃ 의도성'은 성립하지 않기 때문이다. 또한 언어의 변화는 일반적으로 실사(content word)로부터 허사(function world)의 방향으로 이루어지지 역의 방향으로 이루어지는 경우는 없다. 예를 들어, outside of의 의미를 가진 '밖에'와 only의 의미를 가진 '밖에'의 경우를 보자.

(7) 공장 밖에 집이 있다. (There is a house outside of the factory.)

(8) 누가 밖에 왔니? (Who is there outside?)

위의 '밖에'는 '밖(outside)'이라는 명사에 후치사 '에'가 붙은 실사이다.

(9) 철수는 돈밖에 없다. (Chelswu has nothing but money)

(10) 내가 믿을 사람이 너밖에 누가 있느냐? (Is there anybody but you that I can trust?)

(11) 나는 집에서 밖에 책을 읽지 않는다. (I read books only at home.)

위의 (9)~(11)에서 '밖에'는 only의 의미를 가진 한정사로 허사이다. 이 경우는 발음조차 '빠께'로 약화되었다. 국어에서 '밖에'는 (7)~(8)의 실사로부터 (9)~(11)의 허사로 변화하였다(박승윤 1997). 이때 국어에서의 언어변화가 (9)~(11)의 '빠께'에서 (7)~(8)의 '밖에'로 이루어졌다고는 볼 수 없다. 이처럼 언어에서의 변화는 실사에서 허사의 방향으로 이루어진다. 마찬가지로 영어에서도 언어의 변화가 일어났다면, '의도'라는 의미를 가진 실사인 명사 will로부터 미래라는 보조적 의미를 가진 미래 시간 표지 will 혹은 'll로의 변화이지, 허사 'll 이 실사 will로 변했다고는 볼 수 없다(혹자는 미래표지 will 이 독립적 형태라고 주장할 수 있을는지 모른다. 그렇다면 영어는 '의도'라는 의미를 가진 명사형 will 과 미래표지 will 이 동음이어(homonym)이라고 주장하여야 하는데, 이는 직관에 어긋난다). 따라서 will은 원칙적으로는 영어의 미래 시제가 아니다.

다음에는 완료형과 진행형을 보자. 결론부터 이야기하면, 완료와 진행은 시간을 나타낸다고 보기보다는 술어동사(verbal predicate)가 표시하는 동작이나 상태가 이루어지는 방법(manner)을 나타낸다고 보아야 한다. 이를 시상(aspect)이라고 하는데, have V-en 으로 나타내어지는 완료형은 행동이 어떤 기준시점에서 종결된다는 의미를, be V-ing로 나타내어지는 진행형은 행동이 기준시점에서 지속되고 있음을 나타낸다. 이 때 기준시점의 시간은 다음에서 보듯이 have와 be의 형태에 의해서 나타내어진다.

(12) a. They {have / had} finished their project.
(기준시간: 현재, 방법: 완료)
b. had (기준시간: 과거, 방법: 완료)

(13) a. They {are / were} singing now.
(기준시간: 현재, 방법: 지속)
b. were (기준시간: 과거, 방법: 지속)

이를 좀 더 잘 이해하기 위해, 국어에서 과거의 시간을 나타내는 과거시제인 '-었/았'을 생각해보자. '-었/았'은 과거의 일을 나타내므로 국어에서 과거시제라고 볼 수 있다.

(14) 철수가 밥을 먹는다. (현재)

(15) 철수가 밥을 먹었다. (과거)

그러나 '-었/았' 이 항상 과거시제로써 쓰인다고는 볼 수 없다. 다음을 보자.

(16) 너 내일이면 죽었다.

(17) 나는 영희를 만났었다.

(16)에서 '-었'은 과거 시간을 나타낸다고 보기 어렵다. 만약 이것이 과거 시간을 나타낸다면, 이 '-었'은 과거미래라는 모순된 시간을 의미하게 될 것이다. 이보다는 (16)에서의 '-었'은, 미래의 어느 시점에서 술어가 나타내는 행동이 종결된다는(completed) 의미를 나타낸다고 보는 것이 옳다. 그리고 행동의 "종결"은 시간을 나타내는 것이 아니라 행동이 이루어지는 방법('방법'은 '시간'이 아님)을 나타낸다고 보아야 한다.

(17)에서는 두 개의 '-었'이 쓰이는데, 첫 번째 '-었'은 과거의 시간을 나타내지만, 두 번째 '-었'은 그렇지 않다. 두 번째 '-었'은 '-한 일/적이 있다'와 같은 '과거의 경험'을 나타내고, 뒤에 볼 것처럼 이는 영어의 현재완료형이 가지는 '경험'의 의미와 유사하다. 이런 점에서 국어의 '-었/았'은 과거 시간 외에도 행동의 종결이나 경험과 같은 의미를 나타내는데, 이러한 의미를 시상(aspect)이라고 하고 시상은 시제(tense)와는 구별되는 개념이다(Lee Dong-jae 1992 참조). (역사적으로 현대국어의 과거시제 '었'은 중세국어의 '-어 있다'와 같은 완료 형태가 문법화 (grammaticalization) 과정을 통해 축약된 형태이다. 그리고 문법화 과정을 겪더라도 원래의 의미는 그대로 유지되는 경향이 있기 때문에, 현대국어의 '았'은 과거시간 외에도 완료의 시상적 의미를 부분적으로 가지고 있다)

다시 영어의 시제에 관한 논의로 돌아가서, 영어에서의 have /had V-en도 동작의 '완료'라는 의미를 지닌다는 점에서 시제는 아니며, 시간 의미는 (12)에서 볼 수 있는 것처럼 have/had라는 형태의 차이에 의해서 나타난다고 보아야 한다. 자세한 논의는 생략하겠지만, 소위 진행시제라고 알려진 is/was V-ing도 시간의 의미를 나타내는 시제라기보다는 '지속(duration)'이라는 시상적 의미를 가진다.

그렇다면, 앞에서 논의한 will과 함께, 진행형과 완료형도 모두 시간을 나타내는 형태는 아니라고 보아야 하며, 따라서 이들은 모두 영어의 시제에서 제외되어야 한다. 그리고 진행형과 완료형이 결합된 완료진행형(have been V-ing)도 역시 시제에서 제외되어야 한다. 그렇다면 영어의 시제에는 결국 -s로 표지되는 현재시제와 -ed로 표지되는 과거시제만이 존재한다.

지금까지 논의한 대로 영어의 시제에는 현재시제와 과거시제밖에 없지만, 이하에서는 편의상 위에서 논의한 12가지 형태를 모두 적법한 시제로 간주하여 논의를 진행하고자 한다.

2. 현재시제와 현재진행형

2.1 현재시제는 현재를 포함하여 과거에도 그러하였고 미래에도 그러할 동작이나 상태를 나타낸다.

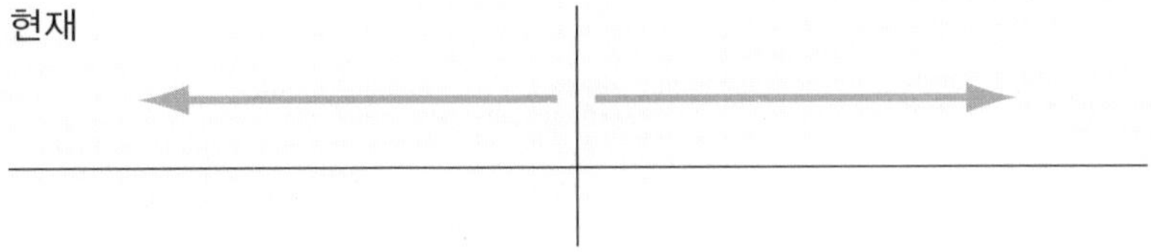

따라서 불변의 진리, 일반적인 사태, 습관적 행동 등이 현재시제로 나타난다.

(18) The earth revolves around the sun. (진리)

(19) Doctors take care of patients in hospitals. (일반적 사태)

(20) I work everyday from nine to five. (습관)

술어동사 중에는, 현재진행으로 나타날 수 없고 따라서 현재시제로만 나타나는 것들이 있다. 현재진행형의 특성은 현재를 중심으로 하여 어떤 동작이나 사태가 일정한 지속(temporary duration) 기간을 갖는다는 것이다. 그런데 이들 술어동사들은 앞뒤 변화가 없는 어떤 상태(state)를 나타내기 때문에, 일시적인 지속기간이라는 특성을 갖는다고 보기 어렵다. 따라서 이들은 진행형으로 나타나지 못하고 통상 현재시제로 나타난다. 다음과 같은 예를 보자.

(21) The soup tastes good.
(22) The apple weighs ten pounds.

위에서 taste '맛이 어떠하다'나 weigh '무게가 얼마 나간다' 같은 술어는 지속적인 상태를 나타내지 어떤 일시적인 상태를 나타낸다고 볼 수 없다. 즉, 이들은 일시성(temporal)이 없기 때문에 다음처럼 진행형으로는 나타날 수 없고, (21)~(22)에서처럼 현재시제로 나타난다.

(21)′ *The soup is tasting good.
(22)′ *The apples are weighing ten pounds.

이처럼 상태를 나타내기 때문에 현재시제로 쓰이는 동사, 즉 진행형으로는 잘 쓰이지 않는 동사에는 다음과 같은 것이 있다.

상태동사 (stative verbs)	
감각(sense)에 관계된 동사	smell, see, hear, feel
감정(emotion)에 관계된 동사	like, hate, surprise, please, want
정신작용(mental activity)에 관계된 동사	know, understand, believe, mean, forget
기타 소유관계 등	have, possess, seem, appear, sound, resemble

이들 동사들은 모두 현재진행형으로 나타나지 못하고 현재시제로만 나타난다.

(23) This soap {smells / *is smelling} good.

(24) I'm thirsty. I {want / *am wanting} something to drink.

(25) {Do you understand / *Are you understanding} what he said?

(26) John {seems / *is seeming} happy to be here.

2.2 현재진행형은 발화의 순간을 중심으로 앞뒤에 어느 정도 지속기간(duration)을 가진, 즉 현재 진행중인 행동을 나타낸다.

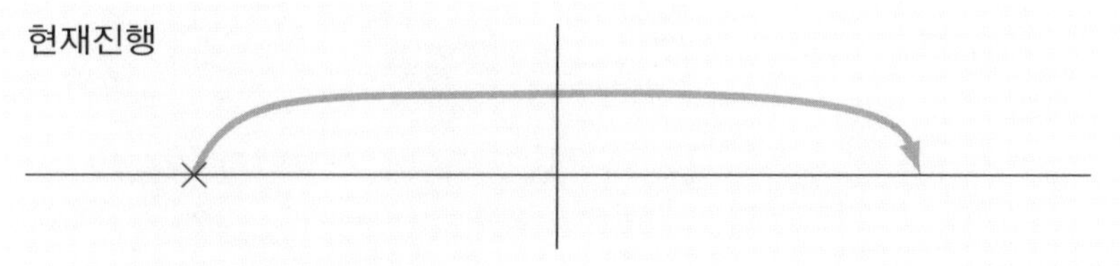

(27) John is playing golf. (존이 골프를 치고 있다.)

(28) The boys are singing in the choir. (소년들이 성가대에서 노래를 하고 있다.)

그러나 다음 (29)~(30)에서처럼, 술어가 나타내는 동작이 지속기간이 긴 경우, 발화의 시점에서는 이 동작이 반드시 일어나지 않고 있을 수도 있다.

(29) Mary is taking five courses this semester.

(30) Jane is working for a bank.

위에서 메리는 발화 시점에는 공부를 하지 아니하고 다른 일(예, 부업)을 하고 있을 수 있고, 제인도 발화 시점에는 은행에서 일하고 있지 아니하고 다른 일을 하고 있을 수 있다.

동사의 의미(Vendler 1967 참조)에 따라, 진행형은 여러 가지 문맥에 따른(context-sensitive) 화용론적 의미를 지닐 수 있다. 예를 들면, 행동의 결과(result)나 종결점(end point)이 암시되지 않고, 단순히 행동(activity) 자체만을 나타내는 동사를 행동동사(activity verb)라고 하는데, 행동동사가 진행형으로 나타나면 진행형의 가장 원형적 의미인 '지속(duration)'의 의미가 생긴다.

(31) The children are walking in the garden.
(32) They are running on the street.
(33) The children are pushing the cart.

위에서의 진행형은 문제의 행동이 발화 시점에서 지속되고 있음을 의미한다.

한편, 행동의 종결점이나 결과물이 암시된 동사를 완성동사(accomplishment verb)라고 부르는데, 완성동사가 진행형으로 나타나면 아직 행동이 끝나지 않았다는 미완성(being incomplete)의 의미를 지닐 수 있다.

(34) The carpenter is building a house.
(35) The painter is drawing the picture.
(36) A: Are we ready?
B: The turkey is being cooked.

build나 draw는 종국에 어떤 결과물이 생긴다는 암시를 포함하는 동사이다. 이들이 진행형으로 쓰이면, 이들은 그 결과물이 아직 나오지 않았다는 의미를 가진다. (34)는 목수가 짓는 집이 아직 완성되지 않았다는 의미를, (35)는 화가가 아직 그림을 완성하지 못하였다는 의미를 지닐 수 있다. 그리고 (36)은 아직 요리가 끝나지 않았음을 암시한다.

성취동사(achievement verb)는 어느 한 순간 동작이 완성되는 의미를 지니는 것으로 realize, reach, drown과 같은 동사들이다. 예를 들어, realize는 어느 한 순간 이해가 되는 것을 의미하고, reach도 어느 목표 지점에 발이 닿는 순간 이루어진다. 성취동사가 진행형으로 쓰이면, '예비구간(preparatory stage)의 설정'이라는 부수적 의미가 생겨서, 순간을 길게 늘여 표현하는 것과 같은 효과를 얻을 수 있다.

(37) The mountaineer is finally reaching the top of the mountain.
(38) I am gradually realizing that I might fail in the end.

(37)는 산악인이 산 정상에 도달하는 순간을, 마치 비디오에서 천천히 보여주듯이, 길게 늘여 표현하는 효과를 지닌다.

마지막으로 순간동사라고 부를 수 있는 jump, knock, cough 등이 진행형으로 쓰이면, 반복(repetition)의 의미를 가진다.

(39) Little Johnny is jumping on the bed.
(40) Somebody is knocking at the door.

jump와 같은 순간동사들이 나타내는 동작은 순간적으로 발생하여 소멸되는 것들이다. 때문에 이들이 어느 정도의 지속기간을 가지려면 이들이 반복되는 방법밖에 없다. 이처럼 현재진행형은 그것이 붙은 동사의 성격에 따라 지속, 미완성, 예비구간의 설정, 반복 등 다양한 문맥적(contextual) 의미를 지니게 된다.

2.3 2.1에서 상태를 나타내는 동사들은 진행형으로 나타낼 수 없다고 하였다. 그러나 이들 중 일부는 진행형으로 나타나기도 하는데, 이 때에는 의미가 약간 바뀐다.

(41) a. The soup tastes (*is tasting) good.(스프가 맛이 있다.)

b. Mom is tasting the soup. (어머니가 스프 맛을 보고 있다.)

(괄호 안에 *표가 된 것은 이렇게 쓰면 올바르지 않음을 의미한다.)

(42) a. The athlete looks (*is looking) tired. (그 선수는 피곤해 보인다.)

b. He is looking out through the window. (그는 창밖을 바라보고 있다.)

(41a)~(42a)에서처럼, 일반적으로 taste나 look은 진행형으로 쓰이지 않으나, (41b)~(42b)에서처럼 이들이 진행형으로 쓰이면 의미가 바뀐다. 최근 맥도날드 햄버거 선전에서 여자가 웃음진 얼굴을 하고 햄버거를 입에 물고 있는데 그 밑에 다음과 같은 문장이 나온다.

(43) I'm loving it.

(43)은 I love it과는 다른 의미를 전달한다. I love it이 단순히

좋다는 의미를 전달하는 반면, (43)은 햄버거를 맛있게 먹으면서 좋아하는 듯한 의미를 전달한다. (43)과 같은 문장은 광고문에서 흔히 발견되는데, 이는 광고가 의도적으로 문법적 규칙을 위반하여, 행동의 진행성을 강조함으로써 고객의 주의를 끌 수 있기 때문인 것으로 보인다.

다음은 모두 진행형으로는 잘 쓰이지 않지만, 진행형으로 쓰이면 의미가 바뀌는 동사들이다.

진행형으로 쓰이면 의미가 바뀌는 동사	
감정동사	want, remember
인지동사	think, feel
소유동사	have
감각동사	taste, smell, see
기타	appear, look

다음과 같은 예를 보자.

(44) a. The cloth feels (*is feeling) soft. (부드럽게 느껴진다.)
b. She is feeling the cloth. (쓰다듬고 있다.)

(45) a. I think (*am thinking) he is smart. (…라고 생각한다)
b. I am thinking of you all the time. (…을 생각하고 있다)

(46) a. Do you see (*Are you seeing) a mountain over there? (보인다)

b. My wife is sick. She is seeing Dr. Kim now. (만나다)

(47) I'm having a good time. (−을 경험하다)

(48) she's smelling the flower. (−을 맡다)

(49) The actress was appearing on the stage when the bomb exploded. (등장하다)

2.4 형용사는 상태를 나타낸다. 따라서 'be+형용사'와 같은 표현은 일반적으로는 진행형으로 나타나지 않는다.

(50) The boy was (*was being) tall.

(51) The madam was (*was being) angry.

위에서 볼 수 있는 것처럼, tall이나 angry를 동반하는 be 동사는 진행형으로 나타나지 않는다. 그러나 'be+형용사' 중 일부는 진행형으로 쓰이기도 하는데, 이 때는 이들이 "현재 진행중인 일시적 상태"라는 의미를 가진다.

(52) I don't understand why he is being so selfish today. (이기적으로 행동한다)

(53) Little Johnny is being awfully noisy today. (시끄럽게 논다.)

(54) I do not understand Jenny. She is being quite unfair. (그녀는 지금 아주 심하게 군다.)

이처럼 be 동사의 진행형과 함께 쓰일 수 있는 형용사들에는 다음과 같은 것들이 있다.

진행형에 쓰일 수 있는 형용사
noisy, unfair, silly, kind, quiet, foolish, nice, pleasant, polite, funny, rude

그러나 형용사라 할지라도, 화자가 통제할 수 없거나(예, angry, hungry, tired, thirsty, sick, healthy, nervous), 일시적인 상태를 나타내는 것으로 볼 수 없는 형용사들(예, tall, beautiful, handsome, young)은 어떤 경우에도 be 동사의 진행형과 함께 쓰이지 못한다.

(55) *A*: The baby is crying.
B: *He is being hungry now.

(56) *A*: John looks different today.
B: *Yeah, he is being handsome today.

2.5 현재시제는 어떤 사태가 일시적이 아니라는(non-temporary) 것을 나타내고, 현재진행형은 그것이 일시적(temporary)이라는 의미를 지니기도 한다.

(57) a. John lives in New York. He has lived there all his life.
b. I'm living in New York until I find a job in Washington, D.C.

(58) a. How does he make a living? He teaches at a college.
b. Where is John? He is teaching now.

(57a)는 뉴욕이 존의 반영구적인 거주지라는 의미를 가진다. 그러나 (57b)는 뉴욕이 현재 화자가 일시적으로 거주하고 있는 곳이라는 의미를 전달한다. 이것도 진행형이 가지는 문맥적 의미이다.

2.6 심리상태를 나타내는 동사들(hope, wonder, want 등)이 요청을 나타내는 구문에서 현재진행형으로 쓰일 경우, 현재시제로 쓰이는 경우보다 좀 더 공손한(polite) 느낌을 전달한다.

(59) I'm hoping you will give us some advice.
(60) We're wondering whether you can help us.

현재시제와는 달리, 현재진행형은 현재를 중심으로 한 일시성의 의미가 있다. 따라서 그 일시적 시간이 지나면 상대방에 대한 요청이 더 이상 성립하지 않을 수도 있고, 이 때문에 진행형으로 된 문장은 상대방에게 덜 부담을 준다(문룡 1987 참조). 따라서 일시성을 함축하는 진행형으로 된 요청은 현재시제로 표현된 그렇지 않은 경우보다 좀 더 공손한 느낌을 준다.

2.7 진행형에 always, forever, constantly와 같은 부사가 같이 쓰이면, 종종 귀찮음(annoyance)이나 불평(complaint)과 같은 감정적 의미가 생긴다.

(61) My roommate is always leaving dirty socks on the floor.
(내 방 친구는 늘 신던 양말을 방바닥에 던져 놓아.)
(62) Amy is always finding fault with me.
(에이미는 늘 나의 흠만 찾으려고 해.)

(61)에서 'always+진행형'은 방 친구의 행동에 짜증이 난다고 화자가 불평을 하는 느낌이 든다.

그러나 이들 부사가 현재형이나 과거시제와 같이 쓰이면 이러한 감정적 색채가 없이 사실을 말하는 것이 된다.

(63) My roommate always leaves dirty socks on the floor.

(63)은 (61)에서 느낄 수 있는 그러한 감정적 색채가 없이, 방 친구가 하는 행동을 사실적으로 전달하는 데 그친다.

연습문제 1

밑줄에 현재시제나 현재진행형 중 올바른 것을 넣으시오.

1. I (not believe) ____________________ in God.
2. Look! Why ________ he (stare) __________ at us?
3. I don't understand why Johnny (be) __________ so rude.
   He doesn't usually behave like that.
4. John (be) __________ very nice to me tonight. I wonder why.
5. The Olympic Games (take) __________ place every four years.

연습문제 2

주어진 동사를 이용하여 현재시제나 현재진행형 중 올바른 것을 빈 칸에 써 넣으시오.

1. Look. It (rain) ________________.
2. I always (write) _______________ with a special pen.
3. As you see, I (drop) _______________ the stone into the water.
4. They look so serious. What ________ they (talk) _______________ about?
5. __________ you (watch) _______________ television?

No, you can turn it off.

6. *A*: What is wrong?

   B: I'm really bothered. My roommate forever (forget) ______________ to turn off the light when she goes to bed.

7. *A*: Why are you so mad?

   B: My sister always (use) ______________ my mobile phone without my permission.

연습문제 3

현재진행형을 사용하여 대화를 나눠 보시오. 모두 눈을 감습니다. [예시 1~2]를 참고하여, 교사나 선정된 학생이 하는 행동을 맞추어 봅시다.

(이 연습은 [예시 1]처럼 교사와 전체 학생 간에, 혹은 [예시 2]처럼 학생들 간에 실행할 수 있습니다.)

[예시 1]

교사: 교실 문을 연다.

학생 1: You're opening the door.

학생 2: No, You're closing the window.

[예시 2]

선정된 학생: 어느 한 학생에게 아무 질문이나 한다. 이에 그 학생이 답한다.

다른 학생들은 선정된 학생이 누구에게 말하는 지 맞춘다. 현재진행형으로 진술한다.

학생 2: Sarah, you're talking to John.

학생 3: No, you're wrong. Sarah's talking to Tommy.

연습문제 4

자신의 하루에 대해서 다음 [예]와 같이 간단히 글을 쓰거나 이에 대하여 친구들과 이야기를 해 봅시다.

[예]: I usually get up at six. Then I brush my teeth and wash my face.
I usually have three classes in the morning. I play football after class every Thursday. I often watch TV in the evening and go to bed at 10.

3. 과거시제와 과거진행

3.1 과거시제는 과거에 시작된 어떤 동작이 이미 과거에 종결되어 현재에는 존재하지 않는 상태를 표시한다.

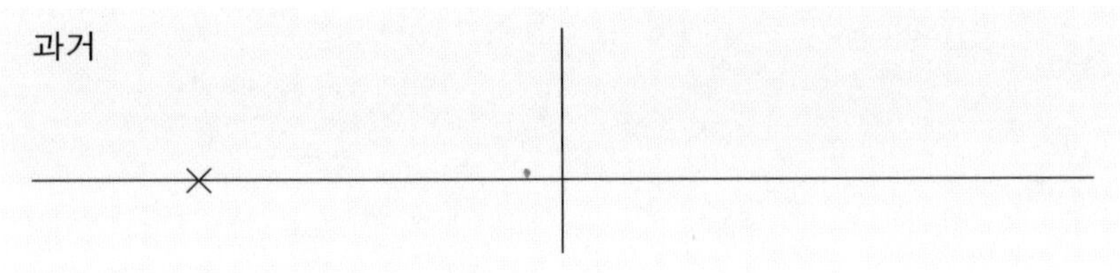

(64) I met my parents when I went to Boston last year.

(65) John lived in Seoul for ten years.

(64)에서 화자가 보스톤에 가서 부모를 만난 것은 지난해에 있었던 일로 현시점에서 볼 때는 완전히 종결된 것이다. 그리고 (65)에서는 존이 현재에는 서울에 살고 있지 않는다는 의미를 지닌다.

반면 과거진행은 과거 어느 시점을 중심으로 어떤 동작이 어느 정도의 지속성을 가지고 진행되고 있는 상태를 나타낸다.

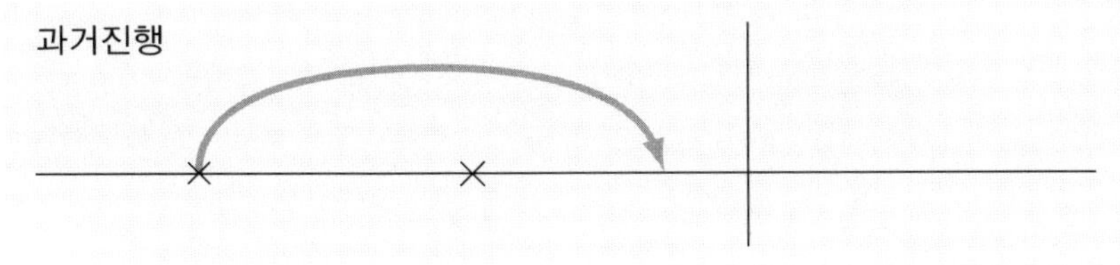

(66) The children were playing computer games when their father came in.

(67) I was walking down the street when it began to rain.

(66)~(67)에서 when으로 시작되는 절은 기준 시간인 과거의 어느 한 시점을 나타내고, 진행형은 그 시간에 어떤 동작이 일정 기간 지속성을 가지고 진행되고 있었음을 나타낸다.

3.2 진행형의 경우와 마찬가지로 hope, want, know와 같은 심리상태를 나타내는 동사가 과거시제로 쓰이면, 현재시제로 쓰이는 것보다 더 공손한 느낌을 전달한다.

(68) Did you know that John is coming? (cf. Do you know that John is coming?)

(69) *A*: Did you want me? (cf. Do you want me?)
B: Yes, I hoped you'd give me a hand. (cf. Yes, I hope you will give me a hand.)

(68)~(69)는 괄호 안에 있는 현재시제로 된 문장보다는 더 공손하게 들린다. 이는 과거시제가 시간상으로는 현재로부터 떨어져 있는 시간(temporal distance)이라는 의미를 전달하고, 담화 화용론적으로는, 일종의 은유(metaphor)에 의해, 화자와 청자 사이의 심리적 거리(psychological distance)가 멀다는 느낌을 주기 때문이다(Levinson 1983 참조). 심리적 거리가 멀게 느껴지면 자연히 격식성(formality)이 커지고 이 때문에 공손하게 들린다.

일반적으로 언어에서는 물리적 거리(physical distance)가 커

질수록 심리적 거리(psychological distance)도 증가한다. 예를 들어, 화자를 중심으로 인칭, 거리, 시간상의 물리적 거리는 다음과 같은 동심원으로 그려볼 수 있다. 예를 들어, 화자를 중심으로 인칭, 거리, 시간상의 물리적 거리는 다음과 같은 동심원으로 그려볼 수 있다.

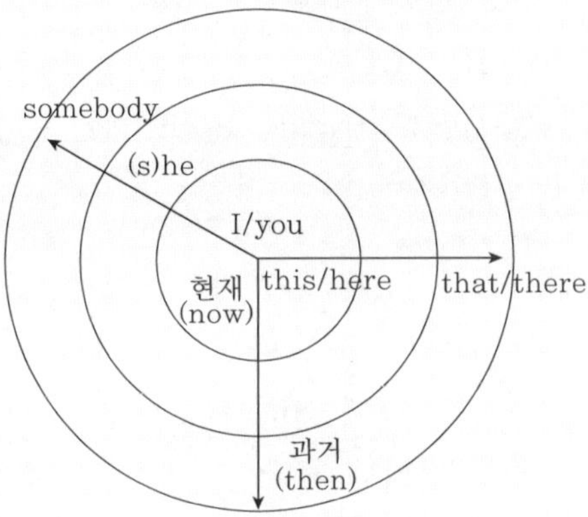

즉 대화의 장(space)에는 (화자를 중심으로 하여) 가장 가까운 지역에는, 인칭(person)상으로는 I/you가 위치하고, 공간(space)상으로는 here/this가, 그리고 시간(time)상으로는 now/현재(present)가 위치한다. 그리고 화자로부터 멀어짐에 따라, 인칭상으로는 he/ somebody, 공간상으로는 there/that, 그리고 시간상으로는 then/ 과거(past)가 위치한다.

그리고 가까운 위치에서 먼 위치로 이동함에 따라 심리적 거리가 또한 멀어진다. 예를 들어, 인칭상으로는 I/you로부터 he/somebody로 이동할수록 문장의 assertive force가 약해진다.

(70) a. You clean the room, will you?
b. Somebody cleans the room. will you?

앞에서 you가 쓰인 (70a)문이 somebody가 쓰인 (70b)로 변함에 따라 문장의 assertive force가 약해진다.

공간상으로는 this와 that의 차이에 따라, 화자의 감정적 강도가 달라진다. 다음을 보자.

(71) a. Do you see these little beautiful puppies coming this way?
b. Do you see those naughty boys of Harry coming this way?

위에서 this가 쓰인 (a)는 화자가 puppies에 관하여 긍정적인, 좋은 감정을 지니고 있음을 나타낸다. 그러나 that이 쓰인 (b)문은 화자가 sons of Harry에 대하여 좋지 않은 감정을 가지고 있다는, 즉 부정적 감정을 나타낸다.

마지막으로, 시간상으로는 현재로부터 과거로 이동함에 따라, 현재는 사실성(realis)의 의미를 과거는 비사실성(irrealis)의 의미를 가지게 된다.

(72) A: Where do we go for vacation?
a. B: We can go to Hawaii. (사실성이 어느 정도 있음)
b. B: We could go to Hawaii (사실성이 떨어짐)

(73) a. If you can come, I'll be happy. (가능성이 있음)
b. If you could come, I would be happy. (가능성이 적음)

(74) a. Do you know? (가능성이 있음)
b. Did you know? (가능성이 떨어짐)

위에서 현재시제가 쓰인 (a)문은 어느 정도 사실일 가능성이 있으나, 과거시제가 쓰인 (b)문은 사실일 가능성이 떨어진다. (a)에서처럼 사실가능성이 커지면 assertive force가 커지며, 반대로 (b)에서처럼 사실가능성이 약해지면 assertive force도 약해진다. assertive force가 약해지면, 자연스럽게 공손성이 커진다. 이러한 이유에서도 (68)~(69)에서처럼 동사가 과거시제로 쓰이면, 좀 더 공손한 표현이 된다.

3.3 과거시제로 나타내어진 표현과 과거진행형으로 나타내어진 표현 사이에는 또 다른 의미적 차이가 존재하는데, 과거시제로 된 표현은 어떤 행동이 완전히 끝난(completed) 느낌을 주는 데 반해, 과거진행으로 나타난 표현은 행동이 끝나지 않았다는(incomplete) 느낌을 전달한다. 다음의 (a)와 (b)를 비교해 보자.

(75) a. The girl drowned.
b. The girl was drowning.

(76) a. He wrote a letter last night.
b. He was writing a letter last night.

(75)에서 과거시제로 나타난 (a)는 여자가 물에 빠져 죽은 상황에 적절하다. 그러나 (b)는 그녀가 물에 빠져죽지 않고 구출되었을 가능성이 있다는 의미를 전달한다. 이 때문에 but I saved her과 같은 표현을 덧붙인다면 이는 (75b)에서만 가능하다. 다음을 보자.

(77) a. The girl drowned, *but I saved her.
b. The girl was drowning, but I saved her.

마찬가지로 (76a)는 남자가 편지를 쓰는 것을 끝냈다는 의미를, (76b)는 끝내지 못했다는 의미를 가진다.

과거시제와 과거진행형 사이에 존재하는 이러한 의미 차이는 담화상에서의 함축(implicature)에 의한 것이다. 언어는 상호간에 대조를 이루는 표현들의 조직체이다. 언어의 표현은 독자적으로 존재하거나 독자적으로 쓰이는 것이 아니라, 그와 대조가 되는 다른 형태와 대조적으로(contrastively) 쓰이고 대조적으로 이해된다. 예를 들어, 국어에서 누가 "아버지는 돌아가셨습니다"라고 말하였다고 하자. 이를 듣는 청자는 이로부터 "어머니는 살아 계시구나"라는, 화자가 명시적으로 말하지 않은, 추론을 하는데, 이는 국어에서 '아버지'란 낱말은 '어머니'란 낱말과, '죽다'는 '살다'와 대조적으로 쓰이고, '는'은 강한 대조성을 가지고 있기 때문이다.

마찬가지로, 영어에서 과거시제와 과거진행형은 대립되는 체계를 이룬다. (75b)에서 만약 문제의 여자가 물에 빠져 죽었다면, 화자는 (75b)보다는 과거시제로 된 (75a)를 말했을 것이다. 그러나 화자가 좀 더 복잡한 (75b)를 (의도적으로) 쓴 것으로 보아, 청자는 (75a)가 성립하지 않는 상황을 화자가 의도적으로 전달하고자 한다고 추론한다. 그렇다면 (75b)는 (75a)가 성립하지 않는 상황, 즉 문제의 여자가 물에 빠져 죽지 않은 상황을 의미한다는 추론을 야기한다. (76)에서도 'write (a letter)'은 결과물을 암시하는 완성 동사이다. 과거시제의 사용은 이것이 완성되었다는 의미를 지니고, 과거진행형은 이와는 대조적으로 쓰이기 때문에 그 결과가 완성되지 않았다는 의미를 가진다. 이것도 앞에서 논의한 진행형이 가지는 화용론적 문맥적 의미이다.

연습문제 5

주어진 동사를 알맞은 형태로 고쳐 빈칸에 써 놓으시오.

1. I (not see)__________ him because I (talk)__________ with the other person.
2. *A*: __________ you (hear) __________ what I said?
   B: No, I'm sorry. I (think) __________ about my homework tomorrow.
3. Carol fell asleep while she (watch) __________ TV.
4. I (not recognize) __________ her because she (wear) __________ an Indian costume.
5. He (not want)__________ to read books at home while his friends (play) __________ on the ground.

연습문제 6

주어진 두 문장을 [보기]와 같이 when 혹은 as를 사용하여 한 문장으로 만들어 말해 봅시다. 과거진행형을 이용하시오.

[보기]

I come home at 10 p.m. My roommate usually goes to bed at 9 p.m.

⇒ When I came home, my roommate was sleeping.

1. Jane visited Amy at 1 p.m. But she started to have lunch at 12:40.
2. John ate breakfast in the morning. He read newspapers at the same time.
3. It suddenly began to rain. I played tennis with Tommy.
4. Amy called me on the other side of the street. At that time I had a walk with my boyfriend.
5. I ran down the stairs. I broke my leg.

4. 현재완료

4.1 현재완료형(앞으로는 시제로 간주하여 현재완료시제라고 함)은 '현재에 관계(current relevance) 되는 과거'를 나타낸다고 볼 수 있다. 바꾸어 말하면, 과거에 일어난 행동이기는 하나 그것이 현재에 연관된 경우를 나타낸다.

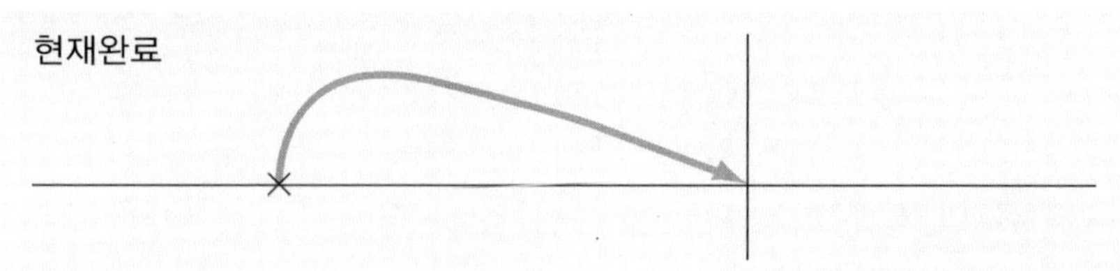

예를 들어 다음을 보자.

(78) a. John joined the army.
b. John has joined the army.

(78)에서 John이 군에 입대한 날짜는 같다고 가정하자. (78a)는 이를 과거시제로, (78b)는 현재완료시제로 나타내고 있다. 이 경우 (78a)는 John이 군에 입대하였다는 과거의 사실만을 이야기할 뿐, 현재 그가 어떻게 되었는지에—아직 군에 있는지 아니면 제대하였는지에—대하여는 아무런 언질을 하지 않는다. 이에 반하여 (78b)는 John이 군에 입대하여 현재에도 복무하고 있다는 의미를 지닌다.

영어의 (78a)와 (78b)가 나타내는 두 가지 다른 시간적 의미를 국어는 동일한 형태로 나타낸다.

(79) 존이 군에 입대하였다.

(79)에서처럼, 영어에서 과거시제와 현재완료시제에 의해 나타내어지는 두 의미가 국어에서는 모두 동일하게 과거시제로 표시된다. 이는 국어가 이 두 의미를 구분하지 않는다고도 볼 수 있다. 물론 국어에서도 (78b)의, 즉 현재완료시제의 의미를 정확히 표현할 수 있고, 그렇게 하려면 이를 (80)처럼 나타낼 수 있다.

(80) 존이 군에 입대해 있다.

그러나 (80)는 '-어 있다'와 같은 보조동사를 이용한 복합동사(complex verb)로, 이것은 '-는'(예, 먹는다)이나 '-었'(예, 먹었다)으로 표시되는, 즉 동사 어간에 붙는 어미의 형태로 표시되는 국어의 기본시제 형태는 아니다('-어 있다' 외에도, 국어에서 현재완료를 나타내는 복합동사 구문으로는 '-어 오다'와 같은 것도 있다. 예, "나는 3일 동안 일해 왔다."). 따라서 (80)과 같은 표현을 무시한다면, 국어는 영어에서의 과거시제와 현재완료시제가 나타내는 시간 개념을 동일하게 과거시제로 표현한다고 볼 수 있다. 이는 다른 말로 말한다면, 현재완료는 영어에서는 현재시제에 속하는 것으로 이해되나, 국어에서는 과거시제의 일부로 다루어진다는 것을 의미한다. 이 때문에 한국 학생들은 영어의 현재완료시제가 나타내는 시간 개념을, 그리고 영어에서의 과거시제와 현재완료시제의 차이를 잘 이해하지 못한다. 현재완료시제의 의미를 좀 더 자세히 논의하기 전에 예를 하나 더 들기로 하자.

(81) a. I bought a new car three days ago.

b. I have bought a new car.

(81a)는 화자가 3일 전에 차를 샀다는 사실만을 주장하는 문장이다. 이에 반해, (81b)는 화자가 차를 샀을 뿐 아니라 현재도 차를 쓰고 있다는 의미를 전달한다.

4.2

현재완료시제의 기본적 의미는 '현재에 관계되는 과거'이지만, 쓰이는 문장의 문맥에 따라 다양한 화용론적 의미(contextual meaning)를 지닌다.

4.2.1 완료(completion)

완료의 의미는 현재완료시제의 기본 의미가 그대로 나타나는 경우라고 볼 수 있다. 즉, 과거에 시작된 행동이 현재에서 종결되는 상황을 나타낸다. 과거의 행동이 현재 시간과 접점을 이룬다는 점에서 현재완료시제가 나타내는 가장 원형적(prototypical)인 의미이다.

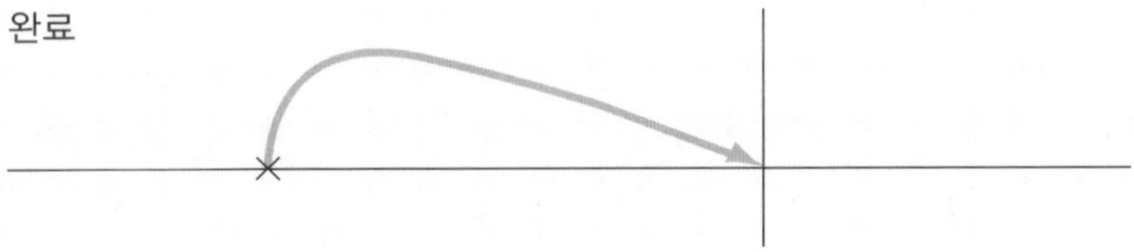

(82) The boy has just finished writing a letter.

(83) I have just heard the news. It is terrible.

(82)에서 소년이 편지를 쓰는 행동은 과거에 시작되었고, 이 행동이 현재에 종결되었다는 것을 의미한다. (83)도 소식을 듣는 것이 방금 종결된 경우이다. just는 현재 바로 직전의 과거시간을 나타내며, 이런 점에서 just는 현재와 접점을 이룬 과거라고 볼 수 있다. 그리고 이런 의미에서 (82)~(83)은 과거에 시작된 행동이 현

재와 접점을 이루는 경우이다. (82)~(83)은 과거에 시작된 행동이 현재와 접점을 이루는 경우이다.

4.2.2 결과(result)

결과는 어떤 행동이 과거에 종결은 되었지만 그 결과가 현재에까지 미치는 경우이다.

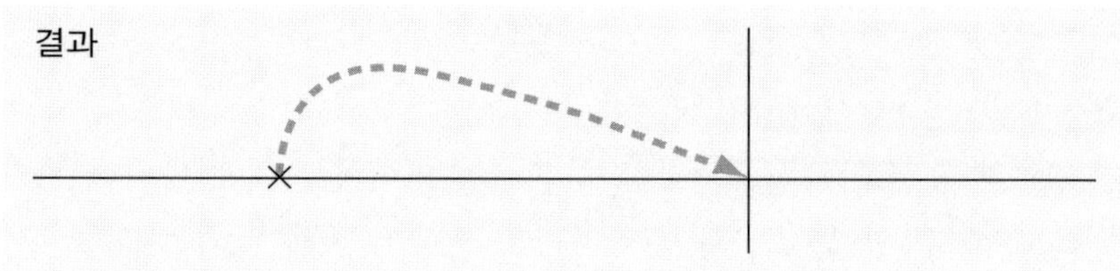

(84) The couple have moved into a new apartment.
(85) I have lost my key. I still can't find it.

(84)에서 부부가 이사한 행동은 이미 과거에 종결된 것이다. 그러나 (84)는 이들이 이사 후에 이사한 집에서 현재까지 살고 있음을 의미한다. (85)에서도 열쇠를 잃어버린 것은 과거에 일어난 것이데, 그 결과 지금은 열쇠를 가지고 있지 않다. 결과는 과거의 행동이 '영향력을 통해' 현재와 접점을 맺고 있는 경우라고 볼 수 있다.

4.2.3 경험(experience)

경험은 과거에 종결된 어떤 행동이 '기억(memory)을 통해' 현재에까지 연결되는 경우에 성립한다. 즉, 과거가 기억을 통해 현재와 접점을 맺고 있는 경우이다.

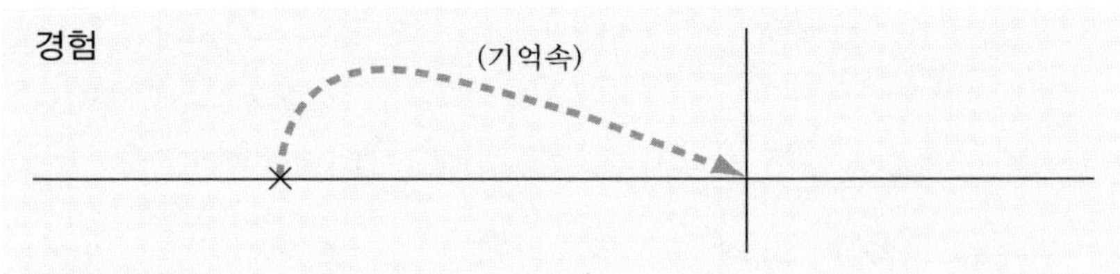

다음과 같은 예를 보자.

(86) I <u>have</u> already <u>seen</u> the movie.
(87) <u>Have</u> you <u>met</u> the man before?

(86)에서 화자가 일주일 전에 영화를 보았다고 하자. 따라서 영화를 본 행동은 이미 끝난 것이지만, 영화의 내용은 기억 속에서 현재까지 남아 있을 수 있다. (87)에서도 청자가 어떤 사람을 만난 것은 오래 전의 일이지만, 그 경험이 기억을 통해 현재까지도 남아 있는 경우이다.

4.2.4 반복(repetition)

반복은 과거에 시작된 일이 뒤에도 계속 반복적으로 발생하여 현재에까지 연결된다는 의미를 지닌다.

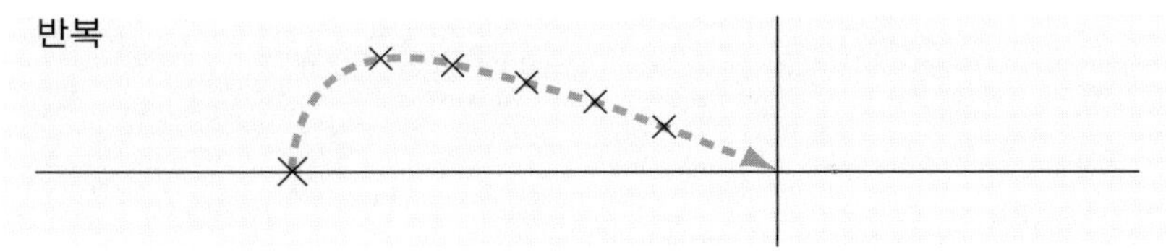

일반적으로 반복을 의미하는 시간부사나 빈도부사 등이 같이 쓰인다.

(88) I have met the man every week for the past ten months.

(89) I have had five quizzes so far this semester.

(88)은 10개월 전에 그 사람을 만난 후 지금까지 반복적으로 그를 만나 왔다는 의미를 지닌다. 위의 도식에서처럼, 과거가 끊어졌다 이어졌다 하면서 현재와 접점을 이룬 경우라고 볼 수 있다.

4.2.5 계속(continuation)

진행형에서 논의한 대로, 상태를 나타내는 술어는 일시적 지속기간을 갖는 진행형으로 나타나지 못한다. 이러한 상태가 과거에 시작되어 현재까지 이어진 경우, 아마도 이 상태는 미래에도 유지될 것으로 생각된다. 따라서 시간상으로는 현재완료진행(present perfect progressive)에 속하는 시간을 나타내지만, 이들 술어는 현재완료형으로밖에 나타나지 못한다. 이러한 술어의 현재완료는 계속의 의미를 가질 수 있다.

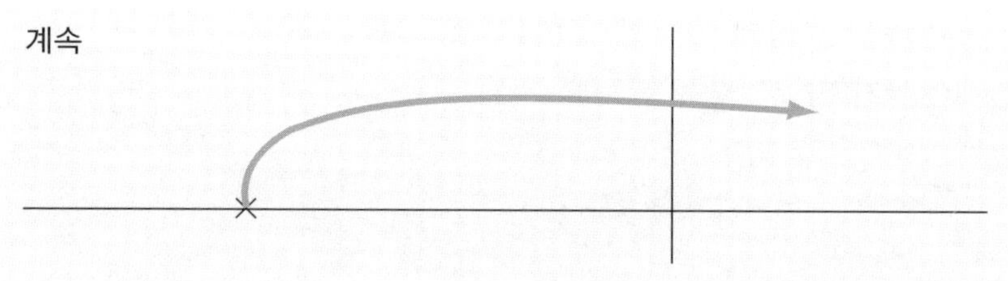

(90) I have known him for two years.

(91) He has been here since 9 o'clock this morning.

(92) I have liked horror movies ever since I was a child.

(90)~(92)에 나타난 상황은 과거에 시작되어 현재에까지 이어져 있고, 아마도 미래에도 지속될 상황을 나타낸다. 만약 이러한 경우, 술어가 상태동사가 아니라면, 시제는 다음에서처럼 현재완료진행으로 나타난다.

(93) It has been raining all day.
(94) They have been working for three hours.

4.3

지금까지 논의한 대로, 현재완료시제는 과거의 어떤 행동이, 실선 혹은 점선으로, 또는 기억이나 결과를 통해, 현재에까지 연관이 될 때 쓰인다. 어떤 의미에서 현재의 입장에서 본 과거(the past from the viewpoint of the present)라고도 말할 수 있을 것이다. 영어에서 현재완료는 기본적으로 현재시제의 일부이다. 따라서 현재완료시제는, 과거에 종결되어 현재와는 아무 관계가 없는 과거적인 것, 즉 과거성(pastness)과는 양립할 수 없다. 따라서 문장에 명백히 과거성을 나타내는 표현(예, yesterday, ago, when, last, in 1990 등)이 있을 때는 현재완료가 쓰이지 못한다.

(95) They arrived (*have arrived) here 3 days ago.
(96) She saw (*has seen) the man when he came down to the cafeteria.
(97) Last month I went (*have been) to Italy to see my family.

문제는, 과거성이 문장에 명시적으로는 나타나 있지 않고 문맥상에서—바꾸어 말하여, 담화 화용론적으로—느껴지는 경우가 있기 때문에, 과거시제와 현재완료 시제의 차별적 쓰임이 쉽지 않다는 데 있다.

다음을 비교해 보자.

(98) a. Have you had breakfast today?
b. Did you have breakfast at the hotel?

(98a)는 '오늘'이라는 시간 영역(time span) 내에서 아침을 먹었느냐고 묻는 경우이고 발화의 시점이 이 시간 영역 내에 있으므로 현재완료시제를 쓰는 것이 좋다. 그러나 (98b)에서는 at the hotel이라는 표현이 청자가 호텔에서 식사를 한 후 지금의 대화를 하고 있다는 것을 분명히 해 준다. 따라서 청자가 식사를 한 것은 과거에 속한 일이 된다. 이 때문에 (98b)에서는 현재완료시제가 아니라 과거시제가 쓰인다.

이번에는 약간 다른 예를 보자.

(99) a. Have you seen him today?
b. Did you see him today?

윗 문장에서는 청자가 어떤 남자를 만났는가를 묻고 있다. 일반적 상황에서는 (99a)에서처럼 현재완료형이 쓰일 수 있다. 그러나 (99b)는 이러한 정상적인 상황에서 쓰이는 것이 아니다. (99b)는 청자가 어떤 남자를 매일 만난다는 것을 화자가 알고 있는 경우에만 쓰일 수 있다. 예를 들어, 어떤 남자가 매일 아침 버스 정류장에서 청자를 기다린다고 생각해 보자. 이 경우 청자가 어떤 남자를 매일 만난다는 것은 일종의 기정 사실로 취급되고, 이것이 이 문장에 '과거성'을 부여한다. 이 때문에 (99b)에서는 현재완료형이 쓰이지 못하고 과거시제가 쓰인다.

유사한 예로 다음을 보자.

(100) a. Have you heard Sinatra sing in German?
b Did you hear Sinatra sing in German?

(100)은 모두 시나트라가 독일어로 노래하는 것을 들었느냐는 물음이다. (b)문은 화자와 청자가 시나트라가 독일어로 노래하는 특정 공연이 있음을 모두 알고 있는 경우에 적절하다. 그러나 (a)문은 이러한 화용론적 전제가 없이, 단순히 시나트라가 독일어로 노래하는 것을 발화시까지 들은 경험이 있느냐를 묻는 질문이다. 이처럼 현재완료를 쓰는가 아니면 과거시제를 쓰는가가 담화상에서의 화용론적 요인에 의해 결정되기 때문에, 현재완료의 이해와 사용이 아주 어렵다.

이번에는 다음과 같은 예를 보자.

(101) My alarm clock {did not go off / *has not gone off} this morning.

(101)에서도 현재완료시제가 아니라 과거시제가 쓰이는 경향이 많은데, 이는 괘종시계는 통상 아침에 울린다는 화용론적 요인 때문에 이 문장에서 과거성이 느껴지기 때문이다. (98)~(101)에서 볼 수 있는 것처럼, 과거시제가 쓰이는가 아니면 현재완료 시제가 쓰이는가는 발화 상황의 성격과 그 상황에서 성립하는 화용론적 요인에 의해 좌우되기도 한다.

4.4 또 어떤 시점에서 볼 때 그 시점 전에 사건이 종결되었다고 생각되면 과거시제가 쓰이고, 그 시점에서 사건이 아직 종결되지 않았다고 생각되면 현재완료가 쓰이기도 한다.

(102) a. I did not look at the paper this morning.

b. I have not looked at the paper this morning.

this morning은 통상 12시를 기점으로 그 이전의 시간을 지시한다. 따라서 만약 오후에 (102)와 같은 문장을 말한다면 과거시제가 쓰인 (a)문이 좋고, 오전에 말한다면 현재완료시제가 쓰인 (b)문이 좋다.

이번에는 오전 9시~10시 사이에 우체부가 우편물을 배달하는 상황에서 우체부가 왔는지의 여부를 묻는다고 생각해보자. 만약 이 질문을 오전 9시~10시 사이에 한다면 현재완료가 쓰인 (103a)가 적절할 것이다. 그러나 동일한 질문을 10시 이후에 한다면 과거시제가 쓰인 (103b)가 더 적절하다.

(103) a. Has the postman come this morning?
b. Did the postman come this morning?

4.5 과거시제와 현재완료시제는 과거의 사건이 현재까지 영향을 미치는가 아니면 미치지 않는가에 따라 구별되어 쓰인다. 다음의 예를 보자.

(104) a. John has lived in Paris for ten years.
b. John lived in Paris for ten years.

(105) a. For generations Sparta produced fearless warriors.
b. For generations Nepal has produced brilliant mountaineers.

(106) a. John has lived here all his life.
b. John lived here all his life.

(104a)는 존이 지난 10년 동안 파리에 살았고 지금도 파리에 살고 있다는 의미를 지닌다. (104b)는 존이 과거에 10년 동안 파리에 살았다는 의미를 가진다. 그러나 과거시제는 현재완료시제와 대조를 이루기 때문에, (104b)는 존이 지금은 파리에 살지 않는다는 함축적 의미를 지닌다. (105)에서도 유사한 구별이 성립한다. 스파르타는 과거에 이미 멸망하여 현재에는 존재하지 않는 도시이다. 따라서 스파르타에 관하여 이야기를 할 때는 과거시제가 쓰인다. 이에 반해 네팔은 지금도 현존하는 나라이므로 네팔에 관한 이야기에는 현재완료시제가 쓰인다. 이처럼 과거시제를 쓸 것인가 아니면 현재완료시제를 쓸 것인가는 어떤 사건이 과거에 종결된 것인가 아니면 현재에까지 연관된 것인가에 달려있다. (106a)는 존이 일생 동안 여기에 살고 있고 그가 아직 생존해 있다는 의미를 지닌다. 그러나 (106b)에서는 존이 일생을 여기에서 산 것이 이미 과거의 일일뿐 아니라, 과거시제는 현재완료시제와 대조를 이루기 때문에, 존이 사망하였다는 함축적 의미를 지닌다.

4.6 마지막으로 담화에서는 어떤 사건이 현재완료시제로 시작하여 과거시제로 이어지는 경우가 많다.

(107) *A*: Where have you been?
B: I've been to the cinema.
A: What did you see?
B: I saw "Gone with the wind."
A: Did you like it?
B: Yes, I did.

(108) Thirty thousand pounds' worth of jewellery has

been stolen from the jewellery shop. The thieves broke into the flat above some time during Sunday night and entered the shop by cutting a hole in the ceiling.

위에서 어떤 과거의 사건이 담화의 첫머리에서는 현재완료시제로 나타나나 뒤에는 과거시제로 되어 있다. 현재완료는 과거의 불특정한(an indefinite time in the past) 시간에 이루어진 사건을 이야기할 때 많이 쓰이기 때문에, 담화가 일단 현재완료로 제시된다. 그러나 곧 이 사건이 과거의 일이라는 것이 분명해지기 때문에 다음부터는 과거시제가 쓰이는 경우가 많다.

4.7 come, be, go, arrive와 같은 동사의 현재완료형은 일부 표현에서 have+V-en이 아니라 be+V-en으로 나타난다. 고대 영어에서 완료형은 두 가지 형태로 표현되었다. 하나는 come, be, go, arrive 등을 포함하는 소위 비대격 동사(unaccusative verb)라는 것으로 이들은 완료를 나타내는데 be 동사(즉, be+V-en과 같은 형태)를 취하였고, 나머지 동사들은 have 동사(즉, have+V-en과 같은 형태)를 취하였다(Haegeman & Gueron 1999: 244). 이 비대격 동사들을 포함하고 있는 표현 중의 일부에서 옛 형태 즉, be 동사가 그대로 화석화(fossilize)되어 현재에도 be+V-en 의 형태가 쓰이고 있다.

(109) Spring is come. (cf. Spring has come.)
(110) Don't be gone too long. (cf. He has gone for long.)
(111) I am determined. (I have determined to leave.)

현대 영어에서 come의 현재완료형은 (109)의 괄호안의 표현에서 볼 수 있는 것처럼 have come이다. 그러나 is come과 같은 옛 표현이 지금도 같이 쓰이고 있다.

연습문제 7

주어진 동사를 알맞은 형태로 고쳐 빈칸을 채우시오.

1. *A*: Do you know the man standing over there?
   B: No. I (never meet) __________ him before.
2. Since I moved here, I (not make) many friends.
3. We (go)__________ to India in 1995. It (be)__________ a very interesting country.
4. *A*: Would you like to see the movie?
   B: No. I __________(already see) it.
5. I (write)__________ to them several times before, but he hasn't sent me any reply yet.
6. The last time I (be) __________ in Korea, I made a number of Korean friends and enjoyed the Korean food very much.
7. The boy is playing a computer game. This is the first time he (ever play) __________ a computer game.
8. *A*: Don't forget to reserve a table at the restaurant.
   B: Don't worry. I (already reserve) __________ one.
9. *A*: The weather was terribly hot last summer, wasn't it?
   B: Yes it was. but it is cool now. The temperature (drop) __________.
10. He __________(never, try) rock climbing in his entire lifetime.

연습문제 8

예시와 같이 현재완료와 과거시제를 이용하여 짝과 함께 짧은 대화를 하고, 이것을 함께 발표하여 보시오. 아래에 주어진 자료들을 이용해도 좋습니다.

[예시 1]

학생 1: How many books have you read this month?

학생 2: I have read just one book.

학생 1: What was it about?

학생 2: It was about the birth of the earth.

[예시 2]

학생 1: How many times have you met him/her today?

학생 2: I have met him/her three times today.

학생 1: Did you talk about something? (or What did you talk about?)

학생 2: Yes. We talked about the tomorrow's school outing.

다음과 같은 자료들을 이용하여 보시오.

1. How often have you written to your parents?
2. How many people have you met since you came here?
3. How many friends have you called today?
4. How long have you lived here?

5. 미래시제

5.1 미래는 많은 경우 조동사 will과 is/are/am going to(이하 is going to로 대표함)라는 형태로 표지된다.

(112) They will arrive in the afternoon.
(113) I am going to sell my car.

will은 '의도'의 의미를 가진 조동사가 미래를 표현하는 데 전용되어 쓰이는 것임을 논의하였다. is going to는 현재진행형으로 이것도 원래는 어느 한 지점에서 다른 지점으로 이동하고 있다는 공간 이동의 표현이 미래의 의미를 나타내는 데 전용된 것이다. 한 지점에서 다른 지점으로 이동한다는 공간 이동의 개념이 시간의 의미로 쓰이게 되면, 현재의 시간에서 다른 시간으로 이동한다는 의미가 생기고, 이 때문에 is going to가 미래의 시간을 나타내는 데 쓰일 수 있게 된 것이다. is going to가 미래의 표지로 쓰이게 된 과정은 다음과 같다.

(114) a. John is going to Seoul to see Mary.(공간 이동의 의미)
b. John is going to see Mary in Seoul.(공간 이동 및 시간 의미)
c. John is going to like Mary.(시간적 의미)
d. John is gonna like Mary.(축약되어 시간적 의미만을 가지는 형태로 굳어짐)

is going to는 (114a)에서처럼 처음에는 공간 이동의 표현으로 쓰였다. 그러다가 is going to가 공간 이동의 의미와 미래라는 시간적 의미로 같이 쓰이게 되었다. 그 후 술어동사가 공간 이동과 관계없는 것 (예, 'like')일 때는 미래 시간의 의미만을 가지게 되고, 이것이 점차 조동사(auxiliary)화되어 is gonna와 같은 형태로 굳어지면서 항상 미래 시간의 의미만을 가지게 되었다.

5.2 미래시제는 두 가지 의미를 가진다. 하나는 의도(volition)이고 다른 하나는 예측(prediction)이다. 의도는 화자가 앞으로 어떤 행동을 할 의사가 있다는 의미를 전달한다. 이때 will과 is going to는 약간 다른 의미를 지닌다. will 은 어떤 상황에서 화자가 어떤 행동을 하겠다고 즉각적으로 의사(willingness)를 표현하는 데 쓰인다.

(115) *A*: The phone is ringing.
B: I'll get it.
(116) *A*: I'd better call taxi.
B: Don't bother. I'll drive you.
(117) *A*: It's cold. The window is open.
B: OK. I'll go and close it.

(115)에서는 전화가 울리자 *B*가 전화를 받겠다는 즉각적인 의사 표현을 하고 있다. 이런 경우에는 will을 쓰지 is going to를 쓰지 아니한다. (116)에서도 친구가 차가 필요하다고 하자, *B*가 즉각적으로 차를 태워주겠다고 제안하는데 이 때에도 will만이 가능하다.

이에 반해, is going to는 화자가 마음속에서 준비 과정을 거친 후, 즉 무엇을 하겠다고 마음속으로 결정한 뒤에, 무엇을 하겠다고 말할 때 쓰인다. Jespersen은 이를 '이미 마음속에서 결정된 의도(premeditated intention)'라고 부른 바 있다. 다음과 같은 예를 보자.

(118) *A*: Why did you buy the flower?
B: I'm going to give it to Jane for her birthday.

(118)에서 *B*는 이미 제인에게 생일 선물을 주려고 생각한 후 이를 위해 꽃을 사왔다. 따라서 *A*의 질문에 대해 답할 때 *B*는 will이 아니라 is going to를 사용한다. 왜냐하면 이는 상황에서 즉각적으로 무엇을 하겠다고 의사 표현을 한 것이라기보다는, 이미 마음속으로 무엇을 하겠다고 계획하고 있었던 일을 말하는 것이기 때문이다.

(119) *A*: There's a party tonight. Are you going there?
B: No, I'm going to study for exam.

(119)에서도 *B*는 시험에 대비해 공부를 하려고 마음먹고 있었다고 보아야 한다. 이러한 경우는 will은 적절하지 아니하고 is going to가 적절하다. 다음도 유사한 경우이다.

(120) *A*: How is your girl friend?
B: Fantastic. From the moment I saw her, I knew I was going to like her.

will과 is going to의 차이는 다음과 같이 생각해 볼 수 있다. will은 마음을 결정한 시각과 말하는 시각이 동일하다고 볼 수 있다. 이에 반해 is going to는 마음먹은 시간은 이전이고, 말하는 시간은 현재인 경우이다.

(121) a. Waiter: What will you order?
b. *A*: I'll have a steak.
c. *B*: What did you order?
d. *A*(to *B*): I'm going to have a steak.

(121)에서는 식당 종업원이 무엇을 먹겠느냐고 묻자 이에 대한 답으로 (b)에서 스테이크를 먹겠다고 답하고 있다. 이 경우는 스테이크로 결정한 시각과 이를 주문한 시각이 같으므로 will이 좋다. 그러나 후에 친구 *B*가 와서 무엇을 주문했느냐고 물었을 때는 이미 마음의 준비 과정을 거친 후가 된다. 즉, 마음으로 결정한 시간과 이를 말하는 시간이 다르다. 이 때는 (d)에서처럼 will보다는 is going to가 더 적절하다.

(122) a. *A*: Let's go to the movies.
B: OK. I'll go with you.
b. We've decided to go to the movies. We're going to see Star Wars.

(123) a. *A*: He is in town today.
B: Oh, really? I didn't know. I'll call him right away.
b. *A*: He is in town today.
B: Yes, I know. I'm going to call him.

위에서도 (a)는 발화의 상황에서의 즉각적 의사표현인 반면, (b)는 이미 마음으로 결정한 것을 말하고 있다. 이처럼 의도성 미래를 표현할 때 will과 is going to는 상이한 의미를 가진다.

5.3 또 다른 종류의 미래는 현재의 상황을 보고 앞으로 어떤 일이 벌어지리라고 예측을 하는 경우이다. 예측성 미래를 나타낼 때는 will과 is going to 사이에 큰 차이가 없는 경우도 있다.

(124) Tomatoes will/are going to be expensive this year.

(125) According to the weather report, it will/is going to be cloudy tomorrow.

위의 예에서는 will과 is going to가 거의 유사한 의미를 가지고 쓰인다.

그러나 예측의 경우에도 will과 is going to가 차이를 보여주는 예들이 있다. 이 경우 will은 현재의 상황으로 보아 어떤 일이 일어날 것이라고 단순히 예측하는 반면, is going to는 어떤 일이 일어날 것 같은 외부적 조짐이 있고, 또 이것이 급박(immediacy)하게 느껴지는 경우에 쓰인다. 다음과 같은 예를 보자.

(126) a. It will be cold tomorrow.

b. It is going to be cold tomorrow.

(127) How pale she is! She is going to faint.

(128) Look at those black clouds. It is going to rain.

(129) a. The elevator will break down.

b. The elevator is going to break down.

(130) a. Doctor: The patient will get better.

b. Doctor: The patient is going to get better

(131) a. She will have a baby.

b. She's going to have a baby.

(126)의 경우 wll이 쓰인 (a)는 일기예보를 듣고 내일 날씨가 추울 것이라고 말하는 그러한 상황에 적절하다. 그러나 (b)는 예를 들어 서리가 내리고 바람이 심하게 부는 그러한 저녁에, 즉 날씨가 추울 조짐이 있고 화자가 이를 느낄 때 더 적절하다.

(127)은 어떤 여사가 얼굴이 파랗게 질려 곧 쓰러질 것 같은 상황, 즉 그 여자가 곧 쓰러질 것 같은 조짐이 외부적으로 보이고 곧 그렇게 되리라는 급박함이 느껴지는 상황에서 적절하다. 이런 경우 will은 쓰이지 않는다. (128)도 검은 구름이 몰려오는 것으로 보아 곧 비가 쏟아질 것 같은 상황에서 쓰이며 이런 경우 will은 적절치 않다.

(129a)는 승강기가 제작된 연도나 노후상태 등을 근거로 승강기가 고장나리라고 예측하는 경우에 적절하다. 그러나 (129b)는 승강기가 삐거덕거리고 덜컹대어 곧 고장이 날 것 같은 그러한 상황에 적절하다. 만약 Let's get off! Quick!이란 표현을 덧붙인다면 이는 (129b) 뒤에서만 적절하지 (129a) 뒤에서는 적절하지 않다.

(130)에서도 (a)는 치료가 잘 되어 환자가 나으리라고 전망을 할 때 적절하다. 그러나 (130b)는 치료를 한 후 환자의 열이 내리고 눈동자가 돌아오는 등 외부적인 조짐이 있을 때 이를 본 의사가 환자가 곧 나으리라고 자신 있게 하는 말이다. (131)에서도 (a)는 결혼을 하였으니까 아이를 가지리라고 일반적으로 말하는 경우이나, (b)는 여자가 배가 부르고 곧 출산할 것 같은 조짐이 있는 상황에서 더 적절하다.

5.4

그러면 왜 will과 is going to가 이러한 의미상의 차이를 보이는 것일까? 이는 will과 is going to가 두 개의 상이한 표현으로서 미래 시간을 나타내는데 차용된 데에 기인한다. 앞에서 논의한 대로, is going to는 원래는 공간 이동의 표현이지만 미래라는 시간을 나타내는 데 전용되었고, 드디어는 문법화(grammaticalization)의 과정을 거쳐 is gonna로 굳어져 조동사와 유사한 표현이 되었다. 그러나 어떤 표현이 문법화를 거친다고 해도 문법화된 표현은 그 표현이 원래 가지고 있던 기본 의미를 어떤 형태로든 유지한다(Hopper 1991, 이성하 1998).

예를 들어, 국어에서 '어리석다'란 의미를 가지는 '병신'이란 말은 病身에서 유래된 낱말이다. 그런데, '병신'의 원래의 의미, 즉 '병이 든 사람'과 변화한 후의 의미인 '어리석은 사람' 사이에는 의미의 연계성이 있다. 이처럼 어떤 형태가 의미적 변화를 거친다고 해도, 이 변화는 원래의 의미를 어느 정도 유지한다.

다른 예로, 국어의 보조동사를 보자. 국어 보조동사 구문에 나오는 보조동사들은 상응하는 원래의 본동사로부터 문법화된 것인데, 이 보조동사들도 모두 상응하는 본동사들이 가진 기본 의미를 그대로 유지한다.

국어에서의 보조동사와 본동사와의 의미 관계

보조동사		<	본동사	
-어 버리다	'종결'	<	버리다	'throw'
-어 쌓다	'반복'	<	쌓다	'pile up'
-어 대다	'싫음'	<	닿다	'contact'

예를 들어, '-어 버리다'라는 보조동사는 종결(completion)의 의미를 지닌다. '-어 버리다'는 'throw away'의 의미를 지닌 '버리다'라는 동사가 문법화되면서 얻어진 것이다. 그런데 어떤 것을 '버리면' 그것은 '다시 돌아오지 않는다'는 점에서 본동사가 가진

'throw away'와 보조동사가 가진 '종결'의 의미 사이에는 의미상의 연계성이 있다. 마찬가지로 '쌓다'의 'pile up'과 '-어 쌓다'의 '반복', '닿다'의 'contact'와 '-어 대다'의 '싫음' 사이에도 의미상 연관성이 있다.

이런 점에서 볼 때 is going to가 현재진행형이라는 사실을 주목할 필요가 있다. 즉, is going to는 현재진행형이기 때문에 미래의 시간 의미를 가지고 쓰일 때에도 '이미 시작되어 진행되고 있다'는 진행형의 기본 의미를 그대로 유지한다. 그리고 바로 이 때문에 is going to가 의도를 나타낼 때에는 '이미 시작되어 진행중인 의도(premeditated intention)'라는 의미를 가진다. 마찬가지로 is going to가 예측의 의미로 쓰일 때에도 어떤 상황이 이미 진행된, 즉 '외부적 조짐'이 있는 그리고 많은 경우 '급박성'이 있는 미래라는 의미를 지닌다. 이에 반하여, will은 이러한 '이미 진행되었다는' 의미가 없고, 단순한 의도나 혹은 예측을 나타낸다.

그러나 will과 is going to의 이러한 의미의 차이가 항상 드러나는 것은 아니다. 예를 들어, (124)~(125)와 같은 예에서는 둘 사이에 별 차이가 느껴지지 않는데, 이는 이 문장이 나타내는 상황이 이러한 차이를 허락하지 않는 상황이기 때문이다. 예로, 일기예보를 듣고 내일 날씨를 예측하는 상황에서는 will이나 is going to가 별 다른 차이를 만들 수가 없다. 이는 국어를 생각해 보면 더 잘 이해할 수 있다.

국어에서 사역(causation)을 나타내는 데에는 두 가지가 있다. 하나는 '-이/히/리/기/우'와 같은 접사(affix)에 의해 표지되는 어휘사역(lexical causation)이고, 다른 하나는 '-게 하다'로 나타나는 통사적 사역(syntactic causation)이다. 어휘사역에서는 피사역자(causee)가 자기의 의사와는 관계없이 어떤 행동을 해야 하며,

그 행동을 수행하는데 있어서 피사역자의 의지가 별로 개입되지 않는다. 그러나 통사적 사역에서는 피사역자의 자발적 의도가 개입될 수 있다. 다음을 보자.

(132) a. 어머니가 아이를 울렸다. (어휘적 사역)
b. 어머니가 아이를 울게 했다. (통사적 사역)

(132a)는 피사역자인 아이가 자기의 의사에 반하여 울 수밖에 없는 상황을 나타낸다. 그러나, (132b)에서는 아이가 자기가 우는 행동에 어느 정도 책임이 있다는 의미가 든다. 심지어는 아이가 자발적으로 울고 어머니가 이를 내버려두는 경우도 가능하다.

그러나 다음과 같은 경우를 보자. 다음의 경우에는 두 사역 사이에 의미의 차이가 거의 없는 것으로 느껴진다.

(133) a. 어린이를 엘리베이터에 먼저 태웁시다. (어휘사역)
b. 어린이를 엘리베이터에 먼저 타게 합시다. (통사적 사역)

우리가 아이를 엘리베이터에 태울 때에는 아이를 강제로 '태우든' 아니면 자발적으로 '타게 하든' 아이가 스스로 걸어서 엘리베이터에 올라타야 한다. 따라서 이 상황에서는 두 사역간에 차이가 거의 나지 않는다. 바꾸어 말하면, (133)에서는 상황이 두 사역간의 차이를 무효화시키고, 이 때문에 (133a)와 (133b)는 거의 유사하다.

이제 다시 영어의 will과 is going to의 차이로 돌아가자. 위에서 논의한 대로 will과 is going to는, '의도'라는 측면에서는 '마음속에서의 준비 과정'의 유무와 '예측'이라는 측면에서는 '이미 진행 중'인가 아닌가라는 의미상의 차이가 있다. 그러나 이와 같은 의미의 차이가 (124)~(125)와 같은 경우에는 잘 드러나지 않는데, 이는

(124)~(125)가, 국어의 (133a~b)에서와 같이, will과 is going to 사이의 차이를 잘 드러내 주지 않는 그러한 상황을 나타내기 때문이다.

연습문제 9

will 또는 is going to를 써서 올바른 동사의 형태를 써 넣으시오.

1. *A*: This bag is too heavy.
   B: Don't worry. I (help) __________ you.
2. *A*: Do you have any plans for the weekend?
   B: Yes, I (visit) __________ my parents in New Jersey.
3. *A*: Have you decided what you will do after graduation?
   B: Yes, I (be) __________ a journalist.
4. *A*: Who wants to go shopping with me?
   B: I (go) __________. Wait a moment.
5. *A*: I've decided to paint my bedroom.
   B: Really? What color you (paint) __________ it?
6. *A*: The weather is so beautiful. John and me have decided to go outdoors. We (walk) __________ to the park. What about you?
   B: Great idea! I (join) __________ you.

5.5 미래를 표시하는 데에 현재진행형이 쓰일 수도 있다.

(134) John has an appointment with his dentist.
He is seeing him next week.

(135) *A*: I'm running out of money.
B: I'll lend you some.
A (to *C*): B's lending me money.

(136) *A*: Let's go to the movies.
B: Fine.
A: I'll call you at 7.
B: OK.
[후에] *B* (to *C*): *A*'s taking me to the movies. He's calling me at 7.

(137) a. I'm going to be married.
b. I'm getting married.

(134)~(136)은 모두 어떤 '사적 약속(personal arrangement)'에 의해 이루어지는 미래의 행동을 나타내는데, 이러한 경우 현재진행형이 쓰인다. 바꾸어 말하면, 약속에 의해 어떤 일이 미래에 발생할 경우 현재진행형이 많이 쓰인다. (137)에서 (b)는 결혼하기로 이미 약정이 되어있는 경우에 적절하다.

5.6 또한 어떤 스케쥴이나 시간표(timetable)에 따라 어떤 행동이 미래에 일어날 때는 현재형이 사용되는 경우가 있다. 이처럼 현재형으로 표시된 미래는 업무적(formal)인 어감이 많이 든다.

(138) Our store opens next week.
(139) I leave tonight. (cf. I'm leaving tonight)
(140) The train leaves at 9:30 in the morning.
(141) The President makes his speech on Dec. 30.

(138)은 업무적인 표현이다. (139)는 화자가 어떤 공식적 스케쥴(schedule)에 의거하여 떠난다는 느낌이 강하고, 괄호 내의 표현처럼 진행형으로 하면 화자가 '개인적 결정'(personal arrangement)에 의해 떠난다는 느낌이 든다.

5.7 이 밖에도 be about to, be on the point of 등 다른 미래 표현들도 있다. be about to는 아주 가까운 미래(immediate future)를 나타낸다. about은 고대영어에서는 around '주위에/근처에'의 뜻으로 쓰였다. 즉 about는 '어떤 것이 옆에 근접해 있다'는 의미를 가지고 있었는데, 공간(space)의 표현이 시간(time)의 표현으로 전용되는 일반적인 언어의 전략에 의해, 미래시간의 의미로 전환되었고, 곧 일어날 것과 같은 가까운 미래시간의 표지로 쓰이게 되었다.

(142) Something terrible is about to happen.
(143) He was just about to dive when he saw the shark.

지금까지 논의한 대로, 영어에서는 미래를 나타내는 고유한 형태가 마련되어 있지 않다. 이 때문에, will, is going to, 현재진행형(is -ing), 현재형(-s), be about to 등 다양한 형태가 미래 시간을 나타내는 데 이용된다. 그런데 이들 표현들은 모두 미래 시간을 표시하는 데 있어서 각기 다른 제 나름의 의미(즉, 고유한 의미 기능)를 가지고 있다. 만약 이들 중 어느 하나라도 다른 형태와 의미가 완전히 동일하다면 그것은 궁극적으로 영어의 미래 시제에서 사라질 것이다. 따라서 will, is going to, 현재진행형, 현재형 모두가 합쳐져서 영어의 미래시제의 체계가 형성된다고 볼 수 있다.

연습문제 10

'be going to'를 이용하여, 다음 제목에 관하여 간단한 문단의 글을 써 보거나 대화를 해 보시오.

1, What is your plan for the coming weekends?

2. What are you going to do at the school picnic?

3. What are you going to do when you graduate from school?

4. You are planning a surprise party to celebrate your friend's birthday. What are you going to do?

제 2 장

양태조동사(Modals)

1. 서 론

1.1 양태조동사(modal auxiliary)란 화자가 자기가 전달하려는 명제에 관하여 어떠한 심적 태도(mental attitude)를 가지고 있는가를 나타내는 형태소이다. 예를 들어, '존이 집에 간다'고 하는 명제가 있다고 하자. 이 명제를 전달하는 데 있어서 화자는 이에 대해 다양한 태도를 가질 수 있다. 이를 양태(modality)라고 하는데, 양태는 영어에서는 동사 앞의 위치에 여러 가지 조동사를 넣음으로써 표현된다.

(1) John __________ go home.

may	허가(permission)
must	의무(necessity)
should	권고(advisability)
will	가능성(probability)

위에서 may는 '존이 집에 간다'는 명제에 대하여, 이에 반대하

지 않는다는 '허가'의 의미를 나타낸다. 그리고 must는 이것이 반드시 이루어져야 한다는 '의무'를 나타내고, should는 이것이 이루어질 것을 '권고'하는 의미를 지닌다. 한편 will은 이것이 이루어지리라는 '가능성'의 의미를 전달한다. 물론 이러한 양태 의미가 반드시 조동사의 형태로 나타날 필요는 없으며, 어떤 경우는 주절의 형태로[예, (2)] 어떤 경우는 부사[예 (3)]나 강세[예 (4)] 등에 의해 나타날 수도 있다.

(2) It is possible that John will go home. (가능성)
(3) Probably John will go home. (가능성)
(4) John WILL go home (will은 강세를 지님). (의무)

그러나 다양한 양태 의미를 효과적으로 전달하는 데 있어서, 영어에는 조동사의 체계 만큼 정교하고 효과적인 수단을 찾기 어렵다. 따라서 양태 의미는 주로 조동사에 의해서 나타난다.

영어의 조동사는 특이한 동사이다. 일반 동사는 의미의 완결을 위해 그것이 필요로 하는 명사논항(nominal argument)들을 가진다. 예를 들어, kill은 행위자(agent)인 죽이는 사람과 피영향자(patient)인 죽임을 당하는 사람을 나타내는 두 명사(noun)가 필요하다. give는 주는 사람(source), 주어지는 물건(theme), 주어지는 물건을 받는 사람(goal) 같은 세 명사가 필요하다. 이런 명사논항이 없으면 해당 동사의 의미가 완결되지 못한다. 그러나 조동사는 이러한 명사논항을 필요로 하지 않는다. 예로, must는 어떠한 명사논항도 필요없다. 대신 어떤 명제(proposition)에 관해 그것이 반드시 이루어져야 함만을 나타낸다. 그리고 must가 나타나는 위치는 동사 바로 앞이 된다.

국어는 양태를 나타내는 데 있어 영어와는 다른 방법을 취한다.

국어에는 영어의 조동사에 해당하는 것이 없다. 대신 국어는 다른 다양한 방법으로 양태를 나타낸다. must에 해당하는 '의무'는 한정사 '야'가 사용된다.

(5) 철수야 간다

'야'는 '가는'행동과 관련하여, 다른 구성원(members)들은 몰라도 철수는 반드시 이를 수행한다는 의미를 지닌다. 즉 '야'는 the most expected member does something without fail과 같은 의미를 지닌다. 이러한 '야'가 다음과 같은 문장에 쓰이면,

(6) 철수는 가야 한다. (That Chelswu goes is the most expected thing that happens without fail.)

철수가 가는 행동은 실패없이 반드시 예기되는 행동이라는 의미를 지니고, 이 때문에 국어의 '야'는 의무의 양태적 의미를 가진다.

'허가'는 영어에서는 may에 의해 나타나지만 국어에서는 조건문의 형태에 의해 나타난다.

(7) 철수는 가도 좋다. (If Chelswu goes, it is all right.)

(7)에서처럼 허가는 '-도'가 붙는 양보성 조건문으로 나타난다.

can이 가지는 '능력'의 의미는 국어에서는 '-ㄹ 수가 있다'로 나타난다. '-ㄹ 수가 있다'는 다시 문법화 과정을 거쳐 '-ㄹ 수 있다'로 나타난다.

(8) 철수는 갈 수 있다. (Chelswu has a means to go.)

이처럼 국어는 양태를 다양한 형태의 표현을 사용하여 나타낸

다. 그러나 국어와는 달리 영어는 조동사라는 특수한 동사를 이용하여 양태의 의미를 전달한다.

영어의 양태조동사에 관하여 주목하여야 할 또 다른 사항은, 뒤(8절)에 자세히 논의할 것처럼, 조동사가 양태를 나타내는 데 있어 지극히 효과적이고 내용이 풍부한 기제라는 점이다. 예를 들어, must는 '의무'라는 양태 외에도 '강력한 확신'(95%의 확신도)을 나타내고, cannot은 '능력'이라는 양태 외에도 '강력한 부정적 확신'(99%의 확신도)을 나타낸다. 반면 should는 '권고'외에 미래에 관한 강한 확신 (90%의 확신도)을 나타내며, may는 '허가'외에도 '약한 확신'(50%의 확신도)을 나타낸다. 이처럼 조동사는 다양한 양태의 의미나 미묘한 확신의 정도를 아주 효과적으로 나타낼 수 있다. 그리고 이런 점에서 영어는 양태의 의미를 전달하는 데 있어서 조동사라는 전략을 효과적으로 사용하는 언어라고 볼 수 있다. 이하에서는 영어의 조동사와 그것이 나타내는 양태 의미의 관계를 논의한다.

2. 허가(Permission)

2.1 허가를 나타내는 조동사로는 may와 can이 있다.

(9) John may leave the office when he has finished the work.

(10) John can take the car if he wants it.

(9)~(10)은 존이 어떤 일을 해도 좋다는 허가를 나타내는 문장으로, 허가는 may와 can에 의해서 나타난다. 여기서 may와 can이 가지는 허가의 의미는 비슷한 것 같지만 반드시 그렇지만은 않다. may는 내적 허가(internal permission)라고 부를 수 있는 것으로, 허가의 권위(authority)가 화자 자신에게 있는 경우이다. 이에 반하여 can은 외적 허가(external permission)이라고 부를 수 있는데, 이 경우는 허가의 근원이 화자에게 있지 않고 외부 상황에 있다. 이를 다른 말로 풀이한다면, (9)는 I give John my permission to leave the office when he has finished the work.라고 볼 수 있다. 반면 (10)은 John is allowed to take the car when he wants it.이라고 볼 수 있다. 즉, (9)는 화자가 자기의 권위에 의거하여 허락을 하는 것이고, (10)은 주변 여건상 존이 차를 써도 좋다는 의미를 지닌다. 비슷한 예로 다음을 보자.

(11) a. You may park here. (=I give you permission to park here.)

b. You can park here.(=You're allowed to park here.)

(11a)는 경찰이나 땅주인 혹은 주차 관리원 등이 말함직한 말이다. 이들은 청자에게 주차를 하게 하거나 하지 못하게 할 수 있는 권한이 있고, 이 내적 권한에 의해 주차를 허가를 해 주는 경우이다. 이에 반해 (11b)는 동승한 친구가 동료 운전자에게 말함직한 표현이다. 이 때 동승한 친구는 운전자에게 주차하게 할 수 있는 권한은 없다. 단지, 예를 들어, 그곳이 주차할 수 있는 구역이므로 청자가 차를 주차시키는 것이 가능하다고 말할 수 있고, can은 이러한 의미를 나타낸다. 물론 어떤 경우에는 may와 can 사이에서 보여지는 이러한 의미 차이가 잘 안 드러날 수도 있다. 예를 들어, 경찰관이 주차 구역 내에서 운전자에게 주차를 해도 좋다고 말할 때는, 위에서 논의한 may와 can 사이의 차이가 잘 드러나지 않고 거의 비슷하게 쓰인다.

(12) a. You <u>may</u> check out two books at a time.
b. You <u>can</u> take two books home with you.

(12a)는 사서가 함직한 말이다. 사서는 책을 대출해 주거나 대출해 주지 않을 권한이 있고, 이 권한에 의해 대출을 해 주고 있는 것으로 may가 적절하다. (12b)는 역시 친구가 다른 친구에게 함직한 말이다. 예를 들어, 도서관 규칙에 의하면 일인당 두 권의 책을 대출할 수 있으므로 이 규칙에 따라 책을 두 권 대출하는 것이 가능하다고 말하는 경우가 있을 수 있고, 이를 can이 나타낸다. 이 경우도 사서가 도서관 규칙에 의거하여 말할 때는 may와 can 사이의 차이가 잘 드러나지 않을 수 있다. 유사한 의미 차이를 다음의 예에서도 볼 수 있다.

(13) a. He <u>may</u> take my car

b. He can take my car.

(14) a. If you do not agree, you may appeal.

b. An accused person can appeal.

위에서 (a)문은 다소 권위적이고 허가의 느낌을 주는 반면 (b)문은 일상적(informal)이다.

2.2 상대방으로부터 허가를 구할 때에도 may와 can을 쓴다.

(15) a. May I use your phone?

b. Can I use your phone ?

May I …?는 Can I …?보다 좀 더 공손한데 이는 may가 가진 내적 허가의 의미 때문이다. 즉, 청자에게 허가의 권위를 인정해주는 것이기 때문이다. 반면 Can I …?는 허물없는 사이에 쓰이는 사적(informal) 표현이다. 예를 들면, 모르는 사람의 전화를 빌릴 때는 May I …?가 더 나을 것이나, 친구의 전화를 빌릴 때는 Can I …?가 더 나을 것이다.

can과 may의 과거형도 허가를 구하는 데 쓰일 수 있다.

(16) Could I borrow your pen?

can의 과거형인 could가 쓰인 (16)은 아주 공손한 문장이다. (16)이 공손하게 들리는 이유는 (16)이 if you didn't mind it('괜찮으시다면')라는 조건절이 생략된 일종의 가정문(subjunctive sentence)이기 때문이다. may의 과거형인 might도 허가를 구하는 데 쓰일 수는 있다.

(17) Might I borrow your pen?

그러나 (17)은 may가 가진 내적 허가의 의미, 즉 상대방에게 권위를 인정해 주는 의미에 덧붙여, 가정문이 가진 공손성(즉, '괜찮으시다면'의 의미)이 겹쳐, 너무 무거운 혹은 거북한 (formal)표현이 되어 잘 쓰이지는 않는다. Quirk(1976)에 의하면 might는 청자가 허가를 하지 않으리라는 느낌이 강할 때 사용한다.

허가를 구하는 의문문에 대한 대답은 Yes, certainly!가 많이 쓰이고, 허물없는 사이에서는 Sure! 등이 쓰인다. 반면 부정적인 대답은 I'd rather you didn't이나 I'm afraid not 등이 쓰인다. 다음을 보자.

(18) *A*: May I stay up late tonight?
B: Yes, you may. (긍정의 대답)
No, I'd rather you didn't. (부정의 대답)

(19) *A*: Can I see you tomorrow afternoon?
B: Yes, of course. (긍정의 대답)
No, I'm afraid not. (부정의 대답)

2.3 허가를 구하는 또 다른 표현으로 mind를 이용한 가정문인 Would you mind if V-ed …?의 표현을 쓸 수도 있다. 이것이 가정문이라는 것은 조건절과 주절을 반대로 뒤집어 놓으면 좀 더 분명하다(예, If … V-ed, would you mind it?).

(20) *A*: Would you mind if I visited you next week?
B: No, not at all.
(혹은): Yes, I'm afraid I can't see you next week. (부정

적 대답)

영어의 mind는 부정적 의미, 즉 '좋아하지 않는다'라는 의미를 내포한 낱말이다. 따라서 긍정의 대답을 할 때는 거꾸로 'No!'가 쓰인다. 그러나 영어와는 달리, 국어에서 허가를 구하는 표현인 '…해도 좋습니까?'는 긍정적인 표현이다. 따라서 이에 대해 긍정적으로 답을 할 경우 "예, 좋습니다"가 된다. 이러한 국어로부터의 영향(interference) 때문에 일부 한국 학생들은 (20b)를 다음의 (21b)처럼 잘못 말하는 경우가 있다.

(21) *A*: Would you mind if I visited you next week?

B: *Yes, not at all. (cf. 예, 좋습니다.)

혹은 *No, I'm afraid I can't see you nest week. (아니오, 안 좋습니다.)

3. 요청(Request)

3.1 요청을 나타내는 형식은 여러 가지가 있을 수 있다. 예를 들어, 'please+명령문'의 형태를 쓸 수 있다.

(22) Please go home right away.

조동사의 형태를 빌려 요청을 나타낼 때는 will과 can이 쓰인다.

(23) *A*: Will you pay by cheque?
B: Yes, I'd be happy to.
(24) *A*: Can you pay by cheque?
B: Yes, I can.
(25) Will/Can you come over and see me?

will은 상대방의 의지(intention)를 물음으로써 요청을 하는 직접 요청(direct request)이라고 볼 수 있다. 이에 반해 can은 상대방의 능력(ability)을 물음으로써 요청을 하는 간접 요청(indirect request)이다. 따라서 후자(Can you …?)가 전자(Will you …?)보다는 조금 더 공손하게 들릴 수 있고 허물없는(informal) 사이에 더 잘 쓰인다. 이것은 국어에서의 '…해 줄래?'와 '…해 줄 수 있니?'의 차이와 유사하다.

또한 will과 can의 과거형인 would와 could도 요청을 하는 데 쓰인다.

(26) *A*: Would/Could you tell me how to get to the sta-

tion?

B: Sure.

Would you …?나 Could you …? 역시 일종의 가정문이므로 공손한 요청이 된다. 따라서 윗사람이나 잘 모르는 사람에게 부탁할 때는 'Would/Could …?'가 제일 적절하다.

허가의 경우에서처럼, 요청을 하는 데에도 mind 동사가 포함된 문형이 쓰인다. 이 문형은 Would you mind V-ing …?의 형태를 취한다. 이 경우는 mind 뒤에는 동명사형이 온다.

(27) *A*: Would you mind opening the window?

B: No. I'd be glad to.

(28) *A*: Would you mind mailing this letter for me?

B: No. Not at all.

허가의 문형에서와 마찬가지로, 영어의 mind는 부정적 의미를 가지고 있기 때문에 이에 대한 답이 긍정적일 때는 No라고 말한다. 그러나 국어에서 요청은 "… 해 주시겠습니까?"라는 표현으로 긍정적 의미를 가지고 이에 대한 답도 "네 좋습니다"이다. 이러한 국어의 영향으로 일부 한국 학생들은 (27b)을 (29b)로 잘못 말하는 경우가 있어 주의가 요망된다.

(29) *A*: Would you mind opening the window?

B: *Yes, I'd be glad to. (cf. 예, 좋습니다.)

연습문제 11

(1~6) 괄호 안에 적절한 조동사를 넣으시오.

1. It's too hot, __________ you turn on the fan, please?
2. Excuse me, __________ I read your magazine for a while?
3. Police officer: Pull over your car.
   Driver: What's wrong?
   Police officer: You were driving too fast. __________ I see your driver's license?
4. Hello! This is Larry speaking. __________ I talk to Jennifer?
5. __________ you please stop making so much noise?
6. I'm short of cash. __________ you lend me a few dollars?

연습문제 12

(7~9) 괄호 안에 주어진 낱말을 이용하여 빈칸을 채우시오.

7. Would you mind __________ (use) your phone?
8. My car doesn't move. Would you mind (fix) __________ my car?
9. I can't bear noise. Would you mind (turn) __________ the radio down?

연습문제 13

다음을 상황을 참고하여, 요청을 하거나 허가를 구하는 질문을 하고, 이에 대하여 적절히 응답을 하시오.

1. You are carrying a heavy bag. You want ask your friend to help you carry the bag for you.
2. You are short of cash, and you have no time to go to the bank. You ask your friend to lend you $10.
3. You are studying for an exam tomorrow, but your room-mate is listening to the radio somewhat loudly. You want to ask him to turn it down.
4. The room is too hot, so you ask your friend to open the window or turn on the air conditioner.
5. You are in a hurry to get to the station. You want your friend to give you a ride.

4. 의무(Necessity)

4.1 영어에서 의무(obligation)나 필요(necessity)를 나타내는 조동사에는 must와 have to가 있다. 이 두 조동사는 거의 유사한 의미로 사용되는 경우가 있다. 다음을 보자.

(30) a. All the applications must be in no later than May 1.
b. All the applications have to be in no later than May 1.

위에서 must와 have to는 거의 의미가 유사하다.

그러나 must와 have to가 모든 경우에 다 유사한 의미로 가지지는 않는다. 우선 have to가 일상적인 필요성을 나타내는 데 반해, must는 have to보다 훨씬 더 긴박(immediacy)하고 중요성(importance)이 있는 의무나 필요를 나타낸다. 다음을 보자.

(31) I have to (*must) get this paper in today, but I guess I'll go to the movies instead.

(31)은 두 번째 절의 내용으로 보아 과제물을 제출하는 것이 아주 긴급하고 중요한 일이라고는 느껴지지 않는다. 이 때문에 (31)에서는 다소 강한 느낌을 주는 must보다는 have to를 쓰는 것이 적절하다. 이와는 반대로 긴급성과 중요성이 강조되는 상황에서는 must의 사용이 보다 적절하다.

(32) Closing-down sale! Everything must go.

(33) (난장판을 만들고 있는 아이들에게) This sort of thing must stop.

4.2

must와 have to의 차이는 의무를 부과하는 권위(authority)가 어디에서 나오는가에 있다. must는 권위가 화자 자신 혹은 화자의 내부에서 나온다. 이를 내적 의무(internal obligation)이라고 부른다면, have to는 외적 의무(external obligation)라고 부를 수 있는 것으로 외부적인 환경이나 힘 때문에 어쩔 수 없이 어떤 일을 해야 하는 경우에 많이 쓰인다. 다음과 같은 예를 보자.

(34) a. 여객기 납치범 (조종사에게): You must land the plane.

b. 조종사 (부조종사에게): We have to land the plane.

(35) a. 피아노 교사 (학생에게): You must practice at least an hour a day.

b. 학생 (친구에게): I have to practice at least an hour a day.

(36) a. 어머니 (아이에게): You must wash your hands before meals.

b. 아이 (친구에게): I have to wash my hands before meals.

(34a)에서 비행기 납치범은 자기가 자신에게 불법적으로 부여한 권위에 의해 조종사에게 비행기를 착륙시킬 것을 강요하고 있다. 따라서 must가 쓰인다. 이런 상황에서 조종사는 부조종사에게 비행기를 착륙시키는 방법밖에 없음을 알리는데, 이 때에는 (34b)

에서처럼 have to가 적절하다. (34a)와 (34b)에서 must와 have to가 바뀌어 쓰일 수는 없다. (35)~(36)에서도 (a)는 피아노 교사나 어머니가 자신의 권위에 의해 어떤 의무를 부과하는 경우이므로 must가 쓰이나, (b)에서는 학생이나 아이가 어쩔 수 없는 환경에서 어떤 일을 해야 하므로 have to가 쓰인다. 다음 (37)~(38)과 (39)~(41)를 비교해 보자.

(37) 의사(환자에게): You must cut down smoking.
(38) 경관(운전자에게): You must pull over.
(39) If there are no taxies, we have to walk.
(40) She has to make her children's clothes. She can't afford to buy them.
(41) If your father is poor, you'll have to work.

(37)~(38)에서 의사나 경관은 환자나 운전자에게 자신의 권위에 의거하여 의무를 가할 수 있고 따라서 must가 쓰인다. 그러나 (39)~(41)에서는 어떤 사람이 처한 상황이 그로 하여금 어떤 일을 하도록 강요한다는 의미가 강하기 때문에 have to가 적절하다.

그러나 공문서 등에서 볼 수 있는 규칙(rules)이나 지시(instructions)와 같은 경우에는 must와 have to 사이에 별 차이가 느껴지지 않는다. 앞에서 든 예문 (30)이나 다음의 (42)와 같은 문장이 그러한 예이다.

(30) All the applications must / have to be in no later than May 1.
(42) This medicine must / has to be taken with food.

위에서 must와 have to가 별다른 의미의 차이를 보이지 않는 이유는 이들이 쓰이는 상황이 must와 have to 사이의 차이를 부각시키지 않는 상황이기 때문이다.

4.3 위에서 must와 have to는 필요성의 강도에 있어서 차이가 있음을 지적하였다. 즉, must는 강한 의무를 나타내고, have to는 조금 약한 의무 내지 필요성을 나타낸다. 그런데 이들을 부정할 경우, 강한 의무(예, 'must')의 부정은 금지(prohibition)를, 그보다 약한 필요성(예, 'have to')의 부정은 불필요(no necessity)를 나타낸다.

- must not (금지)

(43) You must not smoke in this building.
(44) You must not leave your car unlocked.

- don't have to (불필요)

(45) We don't have to finish the work today. We can do it tomorrow.
(46) Tomorrow is a holiday, so you don't have to get up early.

일반적으로 극(polarity)의 부정은 반대편 극의 값을 갖기 때문에 정반대의 의미를 갖는다. 예로, 강제성의 정도(degree)를 하나의 선으로 생각할 때, 의무(must)는 +극의 극점을 차지한다. 그리고 이를 부정하면 다음 그림에서 보듯이, −극의 극점인 금지(must not)의 의미를 갖고, 이 둘은 의미상 강한 대조를 이룬다. 그러나 have to는 must보다 약한 강제성을 지니고 이의 부정은 −극의 극점인 금지보다는 조금 약한 불필요(no necessity)의 의미를 갖는다. 한편, 강제성이 아주 약한 허가의 may는 중심점(0)에서 +쪽으로 그리 멀리 떨어져 있지 않다. 따라서 may의 부정(may not)도 중심점에서 −쪽으로 그리 멀리 떨어지지 않는다. 이 때문에 may와 may not은 그들 사이에 의미상의 거리가 짧아, 큰 의미 차이를 보이지 않는다. 그리고 바로 이 때문에 다음과 같은 표현이 가능하다.

(47) Feel free. You may or may not go.

must와 must not, have to와 don't have to, may와 may not 사이의 관계를 도형으로 그리면 다음과 같다.

(48)

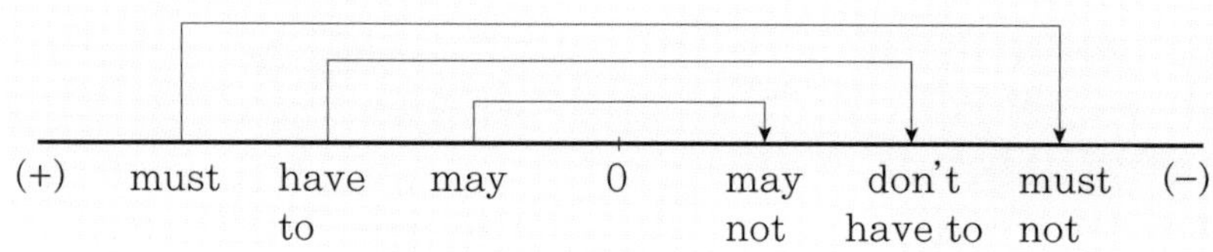

이를 다른 각도에서 보면, must not은 must가 가진 내적 의무의 의미가 살아 있어, 화자가 자신의 권위에 의거 어떤 일을 하지 못하게 하는 것이고, have to는 외적 의무의 의미를 가지기 때문에, 어떤 일을 강요하는 외부적 필요성이 더 이상 존재하지 않아 불필요의 의미가 생긴다고 볼 수도 있다.

연습문제 14

다음 빈칸에 알맞은 조동사(must, have to, must not, don't have to)를 넣으시오.

1. I'm not working tomorrow, so I __________ go to bed early.
2. Students __________ cheat during tests.
3. I don't have enough money to take the bus, so I __________ walk home.
4. This letter __________ be mailed by tomorrow. It's very important.
5. *A*: It's too late. I'd better leave now.
   B: What time __________ you __________ go?
6. There is nobody to help me. I __________ do everything by myself.
7. If you go to Washington, D.C. you __________ visit the White House.
8. His father was a poor man, so Larry __________ work to earn his school expenses.
9. Children __________ be allowed to play on the street. It is not safe.
10. I have some stamps here. You __________ go to the post office.

연습문제 15

다음 제목을 가지고 must/have to를 이용하여 간단한 글을 쓰거나 친구들과 이야기하시오.

1. You have an English test tomorrow. What do you have to do?
2. You are going to have a visitor this weekend. What would you do?
3. You have a job interview planned tomorrow. What preparations do you have to make?
4. We are planning a surprise party for Mary's birthday. What must be done?
5. What are the things we have to do to make clean environment?

5. 권고(Advisability)

5.1 권고를 나타내는 조동사로는 should와 ought to가 있다. 권고는 의무나 필요보다는 강제성이 낮으며, 의무나 필요가 가부(yes-no)의 개념인 반면 권고는 강력한 권고부터 약한 제안에 이르기까지 정도성(degree)의 속성을 갖는다.

(49) You should/ought to be quiet in the library.
(50) You should/ought to submit your paper by tomor-row.
(51) You should/ought to write to your parents often.

(49)의 should/ought to는 거의 의무나 필요성에 가깝다. (50)은 강력한 권고이고, (51)은 비교적 약한 권고라고 볼 수 있다.

should와 ought to가 나타내는 권고도 화자의 내적(internal) 태도와 외부적(external) 요인에 따른 구분이 있는 것 같이 보이나 그리 분명치는 않다. 다음은 사회복지사(social worker)가 갓 미국에 도착한 베트남 난민들에게 대하여 한 말인데, 이 예는 이러한 구분을 보여주고 있는 것처럼 보인다.

(52) I feel that I ought to be showing these people where to find food; But should I?

위에서 앞의 ought to는 객관적으로 느끼는 '권고' 사항이나 뒤의 should는 화자가 주관적으로 느끼는 '권고'의 감정이다.

must나 have to는 모두 다른 사람에게 어떤 일을 강요하는 것이고 should는 이를 권하는 것인데, 이 때 강요하거나 권하는 힘(power)이 어디에서 나오는가 하는 점에서 이 셋은 다르다. must는 이 힘이 화자의 내적 권위에서 나오고, have to는 주위 환경에서 나오는 것인 데 반해, should는 이 힘이 사회적 관습이나 도덕적 규범(morality) 등 관습에서 나온다는 점이 다르다. 이런 관점에서 다음의 대화를 보자.

(53) a. 피아노 교사 (학생에게): You must practice at least an hour a day.
b. 학생 (친구에게): I have to practice at least an hour a day.
c. 친구 (학생에게): Actually you should practice more than two hours a day.

(53a)에서는 교사가 교사로서의 권위에 의해 학생에게 피아노 연습을 강요하는 것이며, (53b)에서는 학생이 친구에게 자기가 피아노를 칠 수밖에 없는 상황에 있음을 이야기하고 있다. 이에 대해 (53c)에서는 친구가, 사회적 관습에 따르면, 피아노는 하루에 최소한 두 시간 이상 연습하는 것이 필요하다고 말하고 있다.

5.2 should는 권고의 의미 외에도 어떤 응당 해야 할 일이 행하여지지 않고 있다는 함축적 의미도 가진다. 이는 영어에서 should가 must와 대조를 이루어 사용되기 때문이다. must의 의미는 어떤 일이 반드시 행하여져야 되는 것이므로, should의 사용은 must가 성립하지 않는 상황, 즉 어떤 일이 반드시 행하여지는 상황이 아니라는 함축(implicature)적 의미를 지닌다. 다음을 보자.

(54) a. I must go slowly here: it is a built-up area.
b. I should go slowly here: it is a built-up area.

(55) a. We must have a party to celebrate your birthday.
b. We should have a party to celebrate your birthday.

(56) a. I must study now for the exam.
b. I should be studying now for the exam.

(54a)에서 화자는 이곳이 주거지이므로 천천히 가야한다고 말한다. must의 사용은 정말로 화자가 차의 속도를 줄일 것이라는 것을 느낌을 준다. 그러나 동일한 상황에서 (54b)의 should의 사용은 실제로는 화자가 차의 속도를 줄이지 않는다는 느낌을 준다. 그러면 왜 이러한 의미가 생기는가? (54b)에서 청자는 화자가 must를 쓰지 않았음을 주목한다. 따라서 화자는 이 상황이 must가 성립될 수 없는 상황이라고 추론(inference)한다. must가 성립하지 않는 상황은 바로 일이 실제로는 행해지지 않는 상황이 된다. (55)에서도 (a)는 파티가 열리리라고 기대할 수 있고, (b)에서는 그렇지 못하리라는 기대를 불러일으킨다. (56)에서도 (a)는 화자가 시험 준비에 곧 들어가리라 예상할 수 있지만, (56b)에선 그렇지 못하다. (56b)에서는 지금 시험 준비를 해야 하지만 그렇지 않고 다른 일을 하는 상황에서 쓰인다.

5.3 권고를 나타내는 should 뒤에 오는 동사가 완료형으로 나타나면(즉, should+have+V-en), 기준시(대부분 현재) 이전에 존재했던, 이미 지나간 어떤 일에 대한 권고가 된다. 따라서

'… 했어야 했다'는 후회나 책망 같은 의미가 생긴다.

(57) He was hurt badly in a car accident. He should have worn seat belts.(그는 안전띠를 매었어야 했다.)

(58) You were supposed to be back home at 7, but you did not come home until 9. You should have called us. (우리에게 전화 했어야지.)

(59) We had a great time at the party. You should have come.(왔어야 되는데.)

권고를 나타내는 데 쓰이는 또 다른 형태로 had better가 있다. had better는 should와 의미가 비슷하지만, 만약 권고를 따르지 않을 경우 좋지 않은 결과가 야기될지 모른다는 느낌이 들어 should보다는 좀 더 강한 권고의 의미를 지닌다.

(60) You had better see the doctor immediately. Otherwise you'll be in trouble.

(61) You'd better finish your homework today. Or you'll be in trouble.

(62) You better leave right now. You're already late.

had better는 구어에서 (61)~(62)에서처럼 'd better 나 better로 줄여 쓰는 경우도 있다.

연습문제 16

다음에 예시된 패턴을 따라, 주어진 주제에 관하여 선생님이나 친구들과 간단한 대화를 나누어 봅시다.

[예시]

교사: You failed the test.

학생1: What did you do yesterday?
Didn't you study for the test?

학생2: No, I didn't.
I played computer games until late.

학생1/교사: That's too bad.
You should have studied yesterday.

학생2: Yes, I know. I should have studied.

다음과 같은 주제들을 이용하여 대화를 해 보시오.

1. We should have saved some money.
2. You should have invited Amy to your party.
3. He should have seen the doctor yesterday.
4. We all should have been more careful about energy consumption.
5. We should have been more prepared for the storm.
6. You should have come to see us.

6. 제안(Suggestion)

6.1 제안(suggestion)은 의미상 권고와 아주 가깝다. 따라서 권고를 하는 데 사용되는 should가 제안을 하는 데에도 쓰인다.

(63) You look pale. You should see a doctor now.

실제로 (63)은 제안이라고 볼 수도 있고 권고라고 볼 수도 있다. 다음에서도 볼 수 있는 것처럼, should가 권고의 의미로 쓰이는가 아니면 단순한 제안의 의미를 가지는가는 상황에 달려있다.

(64) *A*: I'm tired today.
B: You should go home and take a nap.
(65) *A*: I'm tired today.
B: Maybe you should go home and take a nap.

위에서 (64)는 권고에 가깝고, (65)는 제안에 가깝다.

또 권고에서와 마찬가지로, should 뒤에 완료형(have+V-en)이 쓰이면 지나간 일에 대한 제안이 되어, 후회의 의미가 생긴다.

(66) Did you fail in the exam? You should have studied harder.

(66)은 should+have+V-en의 형태로, "더 열심히 공부했었어야지"와 같은 제안(혹은 권고)의 의미를 지닌다.

should와는 달리, 항상 제안의 표지로 쓰이는 것에는 could가 있다.

(67) You look pale. You could see a doctor. Or you could take a rest for a while.

(68) *A*: How can I get to the airport?

B: You could take the airport bus. Or you could take a taxi.

(67)~(68)에서처럼, could는 여러 가지 가능성(possibilities) 중의 어느 하나를 골라 제안하는 의미를 지니며, 통상 한 개 이상의 가능성이 제시되는 경우가 많다. 이런 점에서 could는 직접적인 제안이라고 볼 수 있는 should와는 다르다. (68)을 다음의 (69)와 비교해 보자.

(69) *A*: How can I get to the airport?

B: You should take the airport bus. It's cheap and comfortable.

(68)의 could는 여러 가지 가능성 중의 어느 하나를 제안하는 반면, (69)의 should는 어느 것을 직접적으로 제안한다는 점에서 차이가 있다.

연습문제 17

괄호 안에 주어진 낱말의 형태를 바꾸어 빈칸을 채우시오.

1. *A*: I stayed up very late last night. So I'm sleepy now.
   B: You (go) ________ to bed early.
2. I'm very sick now. I (see) ________ the doctor yesterday.
3. *A*: I didn't invite him to the party. He is very upset about it.
   B: You (invite) ________ him to the party.
4. *A*: Kim did not get the job because he couldn't speak English well.
   B: That's too bad. He (study) ________ English hard.
5. *A*: I don't have any plans for this weekend. Any suggestions?
   B: Well, you ________ go to the movies. Or you ________ climb a mountain nearby. Maybe you ________ take a rest at home.
6. *A*: What should we do?
   B: Well, we ________ go to the movies. Or we ________ stay home.

연습문제 18

다음에 예시된 패턴을 이용하여, 밑에 주어진 상황에 맞는 제안이나 충고를 해 보시오.

[예시 1]

학생 1: I need to get to the airport.
Any suggestions?
학생 2: Well, you could take a taxi.
It is fast.
학생 3: No, you should take the airport bus.
It is cheap.
학생 4: Hmm. Maybe my Mom could take you there.
I'll ask her for you.
학생 5: ....

[예시 2]

학생 1: I don't feel good today.
학생 2: Why don't you go and see the doctor?
학생 1: But I have no money.
학생 3: You should take some medicine.
학생 4: How about going home and taking a rest?
학생 5: That's a good idea.
I'll take you home.

다음 상황을 이용하시오.

1. You are panning a trip to America with your friend.

2. Your friend has lost his/her wallet.
3. Your boss is planning a Christmas party and deciding on the place, beverage and food.
4. One of your old friends is coming to see you from the U.S. He/She wants to learn more about Korea.

7. 능력(Capability)과 가능성(Possibility)

7.1 can은 '할 수 있다'는 능력(ability)의 의미를 표현할 수 있다.

(70) I can swim.

(71) Liz can play the piano. She has practised for many years.

(72) Can you speak English?

그러나 can은 '단순한 가능성(possibility)'의 의미를 갖기도 한다.

(73) You can buy oriental food at the store.

(74) Apparently this kind of charity can still appeal to many people.

(75) Aerosol can explode when it is heated.

(76) You can ski on the hills if there is enough snow.

can이 가지는 이 두 의미는 연관된 것으로, can의 보다 근본적인 의미는 '가능성'이라고 보아야 한다. '능력'은 내부적(internal)인 요인에 의해 가능성이 생길 때 성립하고, '가능성'은 외부적(external) 요인에 의해 어떤 일이 가능할 때 성립한다. 바꾸어 말하여, 능력의 can은 주어(subject)가 지시하는 개체의 내부적 속성 때문에 어떤 일이 가능하다는 것을 의미한다. 이런 점에서 'can이 가지는 '능력'은 내부적 가능성(internal possibility)이라고 볼 수 있다. 그리고 바로 이러한 이유로 '능력'의 의미는 주어가 사람과 같은 생물체일 경우에 많이 발생한다(예, (70)~(72)). 반면, can이 보여주는 '가능성'의 의미는 외부적 요인 때문에 어떤 일이 일어날 수 있다는, 외부적 가능성(external possibility)이라고 보아야 한다. 이 때문에 '가능성'의 의미는 주어가 지시하는 개체가 무생물일 경우에 많이 생긴다(예, (74)~(75)).

물론 주어가 사람일 경우, '능력'과 '가능성'의 의미가 모두 가능하여 둘 사이에서 애매한 경우도 있다. 다음을 보자.

(77) I can see you tomorrow.

만약 어떤 사람이 자기의 능력에 의해 상대방을 만날 수 있다고 생각하면 (76)은 '능력'의 의미를 지니나, 그가 외부적 요인에 의해, 예를 들어 그 날 저녁에 일이 다 끝나기 때문에, 상대방을 다음 날 만날 수 있다고 생각하면 '가능성'의 의미가 생긴다. '능력'과 '가능성'의 예를 좀 더 들기로 한다.

- 능력

(78) The elephant can swim, but man cannot.

(79) Take the gun apart and reassemble it as quickly as you can.

- 가능성

(80) Anybody can make mistakes.

(81) You can get into trouble if you mess around with that girl.

7.2 여기서 한 가지 부연할 점은 can이 의미하는 '가능성'은 '이론상의 가능성(theoretical possibility)'이라는 점이

다. 즉, 어떤 일이 외부적 요인에 의해 발생할 수 있다는 것을 의미하는 경우에도 can은 이것이 실제로 발생하였다는 것보다는 발생할 가능성이 있다는 의미를 지닌다. 예를 들어, (75)에서 can은 에어로졸이 실제로 폭발했다기보다는 폭발할 수 있다는 것을 의미한다. (80)~(81)에서도 can은 각 문장이 나타내는 사태가 실제로 일어났다기보다는 일어날 수도 있다는 이론적 가능성을 의미한다. 이런 점에서 can은 may와 다른데, may는 어떤 일이 실제로 일어났거나 일어나는 것을 배제하지 않는다. 예를 들어, (75)를 다음과 비교하면,

(75) Aerosol can explode when it is heated.
(82) Aerosol may explode when it is heated.

can이 쓰인 (75)는 이론적인 폭발가능성이지만, may가 쓰인 (82)는 에어로졸이 가열되면 실제로 폭발할 수 있다는 의미를 지니다. (82)는 Perhaps aerosol will explode when it is heated와 유사한 의미를 지닌다.

유사한 관점에서 (80)을 다음과 비교해 보자.

(83) John may be right.(=Perhaps John is right.)

사람의 경우 이론적으로 옳거나(right) 그른(wrong) 것이 불가능하므로, (83)에서 can은 적절하지 않다. (83)은 존이 실제로 옳을 수도 있다는 의미를 전달한다. 이런 점에서 may는 perhaps와 유사하다.

7.3

과거에 있었던 능력이나 가능성은 could로 표시될 수 있다. 그러나 could는 어떤 특수한 상황에서 어떤 일을 할 수 있었다는 의미로는 쓰이지 않고, 과거에 일반적으로 어떤 일을

할 수 있었다는 의미를 가진다. 즉, could는 어떤 구체적 상황을 염두에 두지 않은 과거의 일반적인 능력(general ability)이나 가능성을 나타낼 때 쓰인다. 과거에 있었던 특수한 상황에서의 능력이나 가능성은 was/were able to를 쓴다. 바꾸어 말하면, could는 어떤 일이 실제로 수행되었는지에 관하여는 언급이 없고 단지 일반적 능력을 나타낸다. 이는 can이, 위에서 논의한 대로, '이론상의 가능성'이라는 의미를 가진다는 점에 연유한 것으로 보아야 한다. 다음 예를 보자.

(84) My father could speak four languages.
(85) I could run a mile in less than six minutes when young.
(86) He was a terrific liar. He could make anybody believe him.

이번에는 특수한 상황에서의 구체적 능력을 나타내는 was/were able to의 예를 보자.

(87) Although the pilot was badly hurt, he was able to land the plane safely.
(88) The boat was turned over, but the children were able to swim to safety.
(89) I ran after the thief and was finally able to catch him.

(87)~(89)와 같이 구체적 행동을 나타내는 경우에는 could가 쓰이지 않는다. 이러한 차이를 보여주는 다른 예로 다음의 두 문장을 비교해 보자.

(90) a. As a result of his training John could repair cars and motorcycles.
b. As a result of his training John was able to repair cars and motorcycles.

위에서 could가 쓰인 (a)문에서는 존이 실제로는 차를 한번도 고치지 않았을 수도 있다. 그러나 was able to가 쓰인 (b)문에서 존은 실제로 차를 고쳤을 가능성이 크다.

8. 양태조동사의 인식론적 의미 (Epistemic modals)

8.1 지금까지 논의한 양태조동사의 의미 — must의 '의무,' may의 '허가,' should의 '권고,' can의 '능력'—들은 조동사의 기본적 의미로 뿌리 의미(root meaning)라고 불린다. 이 뿌리 의미 외에도 양태조동사는 또 다른 의미를 가지는데, 이는 화자가 어떤 사건의 사실성(truth)에 대해 어느 정도의 확신도(certainty)를 가지는가에 관계된 의미이다. 이를 조동사가 가진 인식론적 의미(epistemic meaning)라고 부르는데, 조동사의 이차적 의미라고 불러도 좋을 것이다. 조동사의 인식론적 의미는 다음과 같은 예에서 볼 수 있다.

(91) a. John must be sick. (존이 아픈 것이 틀림없다.)
b. John may be sick. (존이 아플지 모른다.)
c. John could be sick. (존이 아플지 모른다.)

(92) a. Mary should pass the test.
(메리가 시험에 붙을 것이다.)
b. Mary may pass the test.
(메리가 시험에 붙을지 모른다.)
c. Mary could pass the test
(메리가 시험에 붙을지 모른다.)

(91)에서 (a)의 must는 '의무'를 나타내는 것이 아니라, '존이 아프다'는 명제에 대하여 화자가 강한 확신을 가지고 있음을 나타낸

다. 반면 (b)의 may와 (c)의 could는 동일한 명제에 대해 화자의 확신이 약할 때 쓰인다. (92)는 미래의 일에 관한 진술로, (a)의 should는 존이 시험에 붙으리라는 명제에 대한 화자의 확신이 강할 때 쓰이며, (b)의 may와 (c)의 could는 역시 이 확신이 약하다는 의미를 지닌다.

조동사가 가진 뿌리 의미는 객관적 의미라고 볼 수 있다. 이것은 객관적 세계에서 성립하는 의무, 권고, 허가, 가능성과 같은 의미를 지니기 때문이다. 다음을 보자.

(93) a. John must go home.
b. John should go home.
c. John may go home.
d. John could go home.

(93a)에서 must는 화자가 자기에게 주어진 권위(authority)에 의해 '존이 집으로 가는("John goes home") 행동'을 '강요한다'는 의미를 지니고, (93b)에서 should는 사회의 관습이나 도덕적 규범이 동일한 행동을 '권고한다'는 의미를 지닌다. 반면에 (93c)에서 may는 역시 화자의 권위에 의해 동일한 행동이 '허가된다'는 의미를 지니는데, 이를 좀 더 추상적으로 표현하면, 화자(혹은 화자의 권위)와 문제의 행동 사이에는 아무런 장애물(barrier)이 없다는 의미로도 볼 수 있다. (93d)의 can/could는 주변 환경으로 보아 '존이 집에 가는 행동'이 이루어질 가능성이 있다는 의미를 나타낸다. 이는 다음과 같이 정리해 볼 수 있다.

	힘의 근거(source)	강제성 정도	대 상
must	화자의 권위	강요	존이 집에 가는 행동
should	사회적 규범	권고	존이 집에 가는 행동
may	화자의 권위	허가	존이 집에 가는 행동
can	주변 환경	가능	존이 집에 가는 행동

8.2 조동사의 인식론적 의미는 위의 뿌리 의미와 그 패턴은 동일하다. 단, 힘의 근거와 대상이 다를 뿐이다. 인식론적 의미의 세계에서는, 힘의 근거는 발화시의 상황(situation)이나 발화시까지의 대화에서 얻어진 담화상의 전제(presupposition)가 되고, 대상은 화자의 판단(judgment)이나 결론(conclusion)이 된다. 다음과 같은 예를 보자.

(94) a. John must be sick.
b. John may be sick.

(94a)에서 must는 발화시의 상황이나 대화에서 얻을 수 있는 전제가 화자로 하여금 '존이 아프다("John is sick")'는 결론 내지 판단을 '강요한다는' 의미를 지닌다. 그리고 (94b)의 may는 동일한 전제가 존이 아프다는 판단을 하는 것을 허가한다는, 바꾸어 말하여 발화의 상황이나 전제와 이러한 판단 사이에 아무런 장애가 없다는 의미를 지닌다. 이를 다른 말로 하면, (94a)의 must는 "존이 아픈 것이 틀림없다"는 강한 확신과, (94b)의 may는 "존이 아플지 모른다"는 약한 확신을 나타낸다.

(94) c. John could be sick

(94c)는 '존이 아픈 것'이 '가능성이 있다'는 것을 의미하며, 따라서, may의 경우처럼, 이 명제에 관한 화자의 약한 확신을 나타낸다.

이번에는 미래의 사태에 관한 확신도를 보자.

(95) a. John <u>should</u> be sick.
b. John <u>may</u> be sick.

(95a)의 should는 역시 발화의 상황이나 대화로부터의 전제가 존이 앞으로 아플 것이라는 판단을 하도록 강하게 '권고한다'는 의미를 지니고, (95b)의 may는 동일한 상황이나 전제가 존이 아플 것이라는 판단을 허가한다는, 다시 말하여, 상황이나 전제와 이러한 판단/결론 사이에 아무런 장애가 없음을 의미한다. 이 때문에 (95a)는 "존이 아플 것이다"라는 강한 확신을 나타내고, (95b)는 "존이 아플지 모른다"라는 약한 의미를 가진다.

(95) c. John <u>could</u> be sick.

그리고 (94)에서의 경우와 마찬가지로 (95c)는 상황이나 전제가 '존이 아픈 것'이 사실일 '가능성이 있다'는 의미를 지녀 화자의 약한 확신도를 나타낸다.

지금까지의 논의로부터 알 수 있는 것처럼, 조동사의 일차적 뿌리 의미는 그 대상이 구체적 행동을 나타내며 일반적으로 객관적 세계에 관계된다. 그러나 이차적인 인식론적 의미는 화자의 관념 속에서 일어나는 판단에 관계되어 주관적 의미를 다룬다고 말할 수 있다. 이를 다른 말로 한다면, 뿌리 조동사는 '강제성 정도의 위계(hierarchy)'를 나타내고, 인식론적 조동사는 '확실성(certainty) 정도의 위계'를 나타낸다고 볼 수 있다.

8.3 이제 조동사의 인식론적 의미에 관하여 좀 더 자세히 살펴보자.

사건의 사실성에 대한 화자의 확신도

[표 1] 현재의 사태에 대한 확신도	
• 100% 확신	John is tired.
• 강한 확신 (대략 95% 정도)	John must be tired. (Azar 1999: 176)
• 약한 확신 (대략 50% 미만)	John may/might/could be tired.

[표1]에서처럼, 현재의 사태에 대하여 이야기할 경우, 그 사태가 100% 사실이라고 확신을 할 때는 조동사 없이 현재시제를 쓴다. 반면 강한 확신을 나타낼 때는 must를, 약한 확신을 나타낼 때는 may나 과거형인 might 혹은 could를 사용한다.

[표 2] 과거의 사태에 대한 확신도	
• 100% 확신	John was tired.
• 강한 확신 (대략 95% 정도)	John must have been tired. (… 이었음이 틀림없다)
• 약한 확신 (대략 50% 미만)	John may/might/could have been tired. (… 이었을는지 모른다)

과거 사태에 대하여 말할 경우, 100% 확신도는 과거시제로 표현한다. 그러나 강한 확신도와 약한 확신도는 각기 must와 may 뒤에 동사의 완료형, 즉 must+have+V-en이나 may+have+V-en을 사용한다([표2] 참조). 여기서 사용되는 완료형 have V-en은 현재완료시제처럼 어떤 물리적 시간을 나타내는 것이 아니라, 어떤 주어진 기준 시간이 있고(예, must/may가 나타내는 '현재'시간) 그

이전에 어떤 사건이 발생하였다는 '이전성(anteriority)'의 의미를 지닌다.

[표 3] 미래의 사태에 대한 확신도	
• 100% 확신	John will be tired.(=I'm sure John will be tired.)
• 강한 확신 (대략 90% 정도)	John should be tired. (Azar 1999: 184) (=I expect John will be tired.)
• 약한 확신 (대략 50% 미만)	John may/might/could be tired

한편 미래의 사태에 관하여 말할 때는 100% 확신은 조동사 will을 쓰고, 강한 확신은 should를 사용하는데, 이 둘 사이의 차이는 be sure와 expect 정도의 차이라고 볼 수 있다. 미래 사건에 대한 약한 확신도 역시 may 내지 could로 나타낸다.

8.4 여기서 우리의 주의를 끄는 것이 두 가지가 있다. 하나는 현재와 과거의 사건에 대한 화자의 강한 확신은 must에 의해 표시되는데, 미래의 사건에 대한 화자의 강한 확신은 should에 의해 표현된다는 점이다. 또 하나는, Azar(1999: 176~184)에 의하면, 현재나 과거의 사태에 대한 화자의 강한 확신을 나타내는 must는 95% 정도의 확신도를 가지는 데 반하여([표 1~2] 참조), 미래의 사태에 관한 화자의 강한 확신을 나타내는 should는 90% 정도의 확신도를 가진다는 점이다([표 3] 참조). 문제는 왜 동일한 강한 확신도를 나타내면서도 must와 should 사이에는 이런 차이(즉, must의 95%와 should의 90%)가 나타나는가 하는 것이다. 이 문제를 이해하기 위하여 조동사의 뿌리 의미와 인식론적 의미 사이

의 관계를 살펴볼 필요가 있다.

뿌리 의미로 볼 때, 세 조동사 중 '의무'의 must와 '권고'의 should는 '허가'의 may에 비해 강한 의미를 갖는다. 이들이 인식론적 의미로 쓰일 때, 강한 must는 현재와 과거 사건에 대한 확신도를 나타내는데 쓰이고, 역시 강한 should는 미래의 사건에 대한 확신도를 나타내는 데 쓰인다. 이것은 두 강형(stronger) 조동사가 확신도를 나타내는 데 있어서 일종의 역할분담(division of labor)을 이루면서 사용되는 것이라고 볼 수 있다. 그리고 뿌리 의미에서도 약한(weaker) 의미를 지니는 '허가'의 may가 자연스럽게 약한 확신도를 나타내는 데 이용된다. 즉, must와 should는 모두 강한 형태로서, 전자는 현재나 과거에 대한 확신을, 그리고 후자는 미래에 대한 확신을 나타내는 데, 역할 분담을 이루면서, 나뉘어 쓰이고 있다.

그리고 이 역할분담에 관하여도, 현재는 미래보다 더 확실성이 크기 때문에, 보다 강제성이 강한 must가 현재를 나타내고 상대적으로 약한 should가 미래를 나타내는 데 사용되고 있다.

강한 확신도를 나타내는 경우, must가 (현재/과거에 대해) 95% 정도의 확신도를 가지고, should가 (미래에 대해) 90% 정도의 확신도를 가지는 것도 전혀 우연이 아니다. 이는 이 두 조동사가 뿌리 의미에서 강도의 차이를 가지고 있기 때문이다. '의무'의 must는 '권고'의 should보다 강한 의미를 지니고 있고 이것이 인식론적 의미에서도 그대로 유지되기 때문이다. '뿌리 의미〉인식론적 의미'는 일종의 문법화(grammaticalization)라고 볼 수 있다. 문법화의 원칙중의 하나로 보존의 원칙(Principle of preservation)이 있는데, 보존의 원칙은 어떤 형태가 가진 원래의 의미는 문법화가 된 뒤에도 그대로 유지되는 경향이 있다는 것이다. 이런 관점에서 보면 must와 should가 보여주는 인식론적 의미에서의 차이(즉, must의

95%와 should의 90%의 차이)는 이 두 조동사가 원래 가지는 뿌리 의미에서의 차이(즉, '의무'와 '권고'의 차이)에 기인한다고 볼 수 있다.

8.5 현재나 과거의 사태에 부정적 확신을 갖고 있을 때는 다음처럼 표시된다.

[표 4] 현재 사태에 대한 부정적 확신	
• 100% 확신	John is not tired
• 99% 확신	John cannot/could not be tired. (… 일 리가 없다)
• 95% 확신	John must not be tired. (… 지 않음이 틀림없다)
• 50% 미만	John may/might not be tired. (… 지 않을지 모른다)

[표 5] 과거 사태에 대한 부정적 확신	
• 100% 확신	John was not tired.
• 99% 확신	John can't/couldn't have been tired. (… 이었을 리가 없다)
• 95% 확신	John must not have been tired. (… 지 않았음이 틀림없다)
• 50% 미만	John may/might not have been tired. (… 지 않았을지 모른다)

위 표에서 보듯이, 부정적 확신의 경우에는 두 종류의 강한 확신이 있다. 하나는 can't 이고, 다른 하나는 must not이다. 앞에서

논의한 대로 can/could의 기본 의미는 '가능성'이다. 따라서 can't/couldn't는, 인식론적 의미로 쓰일 경우, '상황이나 담화상의 전제가 화자로 하여금 어떠한 판단을 하게 할 가능성은 없다'는 것을 의미한다. 이 때문에 이들은 '…일 리 없다'라는 강한 부정적 확신을 나타낸다. 이처럼 긍정문의 경우에는 약한 확신도(약 50% 정도)를 나타내던 can이 cannot으로 부정적 확신을 나타낼 때는 오히려 가장 강한 확신도(약 99% 정도)를 가진다. 한편 약한 확신은 may not나 might not에 의해 표시된다. 역시 과거 사태에 대한 부정적 확신도는 조동사 뒤에 동사의 완료형(cannot+have V-en과 must not+have V-en)을 첨가하여 나타낸다. 앞에서 논의한 바와 같이, 여기서의 완료형 (have V-en)은 물리적 시간을 나타내는 것이 아니라, 어떤 기준 시점(예, can't는 현재의 시점, couldn't는 과거의 시점을 나타냄) 이전의 시간을 나타낸다.

영어에서 조동사는 양태의 뿌리적 의미와 인식론적 의미를 동시에 나타낼 수 있을 뿐 아니라, 인식론적 의미를 나타낼 경우에는 99%>95%>90%>50%에 이르기까지 다양한 확신의 정도를 미묘하고도 정확하게 나타낼 수 있다. 이러한 풍부한 양태 의미의 전달은 영어에서 조동사가 아닌 어떤 수단에 의해서도 가능하지 않다. 따라서 영어에서 조동사는 양태를 나타내는 가장 보편적 기제라고 볼 수 있다.

연습문제 19

적절한 조동사를 넣어 문장을 완결하시오.

1. *A*: Which bus should I take to get to the airport?
   B: I'm not sure, but bus number 3 (go) __________ there.
2. *A*: I wonder why the door is open.
   B: My brother (forget) __________ to lock the door. He always does.
3. *A*: Hello. May I speak to Joe?
   B: I'm sorry. You (have) __________ the wrong number. There is no one here by that name.
4. *A*: I saw your father walking on the street.
   B: It (be) __________ my father. He is now in London for business.
5. *A*: When will Sandy come to see us?
   B: I'm not sure. She (be) __________ able to come this Sunday.
6. *A*: Do you know where the key is?
   B: I'm not sure. I (leave) __________ it on the sofa last night.
7. *A*: What time is it?
   B: You came here at 6, and we have been talking almost for an hour.
   So it (be) __________ seven o'clock.

8. *A*: When do you think he will be back?
   B: He always keeps time. He (be) __________ back by seven o'clock.
9. *A*: The phone is ringing.
   B: I'll get it. It (be) __________ my Mom.
10. *A*: I didn't prepare much for the exam.
    B: Don't worry. You (do) __________ well on the test.
11. *A*: Little Johnny is crying.
    B: He (be) __________ hungry. Let's give him some food quickly.

연습문제 20

여러 가지 가능한 조동사를 사용하여 다음과 같은 상황에 대해 간단한 문단의 글을 쓰거나 대화를 해 봅시다.

1. Jane did not come to the graduation ceremony. Guess why she didn't come.
2. Jason got mad and ran out of the room. Guess why he behaved like that.
3. A wealthy man was killed in his house. Guess who did it why.
4. Jane does not look happy today. May I ask why?
5. Tommy is behaving in many strange ways (e.g. sleeping in class, failing to respond to teacher's instructions, looking unhappy, etc.). Guess why.

제 3 장

수동문(Passive Sentences)

1. 서 론

1.1 영어에서 어떤 사태를 나타내는 데에는 크게 두 가지 방법이 있다. 하나는 이를 능동문(active sentences)으로 나타내는 방법이고 다른 하나는 이를 수동문(passive sentences)으로 나타내는 방법이다. 다음을 보자.

(1) a. John killed Mary.
    b. Mary was killed by John.

(1)은 모두 존이 메리를 살해하였다는 사태를 기술하는데, 능동인 (1a)는 이 사태를 행위자(agent)인 존이 무엇을 하였는가 하는 관점에서 기술하는 문장이다. 반면에 수동인 (1b)는 피영향자(patient)인 메리에게 무엇이 발생하였는가 하는 관점에서 동일한 사태를 기술한다. 이 점을 제외하고 능동문과 수동문은 의미가 동일하다. 형태상으로 볼 때, 수동문은 동사가 be+V-en 으로 나타나고, 그 밖에 행위자를 언급하는 경우 행위자는 'by+행위자'로 나타

난다.

1.2 일반적으로 수동문은 행위자(agent)인 주어(subject)와 피영향자인 목적어(object)를 가진 타동문(transitive)에 적용된다. 그러나 모든 타동문이 수동문으로 나타날 수 있는 것은 아니다. 행위자가 어떤 일을 하여 피영향자가 이에 의해 어떤 영향을 받았다고 느껴지는 경우만 수동문으로 나타날 수 있다. 그렇지 않은 다음과 같은 경우에는 형식상은 타동문일 지라도 수동문이 가능하지 않다.

(가) 행위자가 통제할 수 없는 사태

(2) The hurricane reduced its speed. (> *Its speed was reduced by the hurricane.)

(3) The country has changed its appearance.
(> *Its appearance has been changed by the country.)

(4) Mary weighed fifty kilos. (> *Fifty kilos was weighed by Mary.)
(cf. The grocer weighed the apples. > The apples were weighed by the grocer.)

(5) The shirt cost ten pounds. (> *Ten pounds was cost by the shirt.)

(나) 의도적으로 행하여진 일이라기보다는 그냥 일어난 일

(6) John inherited a large fortune. (> *A large fortune was inherited by John.)

(7) He received an anonymous letter.(> *An anonymous letter was received by him.)
(8) The children caught a cold. (> *A cold was caught by the children.)
(cf. The police caught the thief. > The thief was caught by the police.)
(9) John met Mary at the station.(> Mary was met at the station by John.)

(다) 관계를 나타내는 표현

(10) I have two books. (> *Two books are had by me.)
(11) She resembled her father. (> *Her father was resembled by her.)

(라) 인지(cognition)를 나타내는 표현

(12) The boy liked candy. (> *Candy was liked by the boy.)
(13) I did not mean that. (> *That was not meant by me.)

위의 예들은 모두 주어가 목적어에 영향을 미치는 정도(이를 타동성(transitivity)이라고 부름)가 크지 않아 수동문으로 나타나지 못한다. (4)의 경우, weigh가 "무게가 얼마 나간다"는 의미를 가질 때는 수동문이 되지 않는다. 그러나 괄호 안에서처럼, "무게를 잰다"는 의미로는 수동이 된다. (8)에서도 catch가 목적어로 cold를 취할 때는 "감기에 걸린다"는 의미가 되어 수동이 되지 않으나, 괄호 안에서처럼, 목적어로 thief를 취할 경우는 "…을 잡는다"는 의미로 수동이 된다. (9)의 경우, meet는 "우연히 만나다"라는 의미와 "(의도적으로) 만나다"의 의미를 가지는데, be met는 "우연히 만나다"라는 의미로가 아니라, "(의도적으로) 만난다"의 의미로만 수동이 될 수 있다. 즉, 괄호 안의 수동문은 "(의도적으로) 만난다"의 수동 의미인 "영접 받는다"의 의미만을 가진다.

1.3 그러면 수동문은 언제 쓰이는가? 바꾸어 말하여, 어느 경우에 능동문을 쓰지 않고 수동문을 쓰는가? 하는 문제를 생각해 보자.

1.3.1 수동문은 행위자를 밝힐 필요가 없거나 행위자가 불분명할 경우에 쓰인다. 행위자가 없기 때문에 자연히 '행위자 주어(agent subject)'를 요구하는 능동문으로는 쓸 수 없다.

(14) Pineapples are grown in Hawaii.
(15) The bank was robbed yesterday.

(14)는 행위자가 불필요한 경우이고, (15)는 행위자가 불분명한 경우다. 실제로 수동문은 행위자를 명시하지 않는 경우에 많이 쓰인다. Celce-Murcia & Larsen-Freeman\(1999: 354)에 의하면 영어의 수동문 중 80~85%는 이처럼 행위자가 없는 수동문(agentless passives)이다. 이는 수동의 기본적 특성이 행위자가 없이 피영향자에게 어떤 일이 일어났는가를 말할 때 쓰인다는 것을 의미한다(Shibatani(1985)도 수동문은 기본적으로 행위자가 언급되지 않는(suppressed) 구문이라고 규정한 바 있다).

1.3.2 비록 20% 미만의 경우이지만, 'by+행위자'가 명시적

으로 나타난 수동문이 쓰이기도 한다. 이 행위자가 명시된 수동문(agented passive)은 행위자가 새로운 정보(new information)를 나타내기 때문에 이를 특별히 강조할 필요가 있을 때 쓰인다.

(16) While Jill was walking down the street, her purse was snatched by a young man.
(17) The best-selling novel was written by an Asian immigrant.

1.3.3 영어는 담화상에서 이미 알려진 정보, 즉 구정보(old information)를 주어로 만들려는 경향이 강한 언어이다(Mathesius 1939/1975). 이 때문에 대화에서 이미 언급된 어떤 요소, 바꾸어 말하여 구정보가 피영향자를 나타낼 경우, 이 피영향자를 주어로 만들어야 하고, 그렇게 하려면 문장이 수동문이 되어야 한다.

(18) a. *A*: What happened to the car?
b. *B*: It was hit by a falling tree. (cf. ??? A falling tree hit it.)
(19) a. This house is old.
b. It was built in 1930. (cf. ??? Somebody built it in 1930.)

위 대화에서 the car와 this house는 (18a)와 (19a)에서 이미 언급되었다. 따라서 이들은 구정보(old information)가 된다. 영어는 이를 주어로 만들려는 경향이 강하므로 뒤에 오는 문장에서는 the car나 this house가 주어가 되는 것이 좋다. 그러면 (18b)와 (19b)는 수동문이 되어야 한다. 괄호 안에서처럼, 새로운 정보(예,

'a falling tree'나 'somebody')가 주어가 된 문장은 이 문맥에서는 적절하지 않다.

이런 점에서 영어는 국어와 다르다. 영어는 구정보를 주어로 삼으려는 '주어성이 강한(subject-prominent) 언어'이나 국어는 구정보를 주제(topic)로 삼아 문장을 만들려는 "주제성이 강한(topic-prominent) 언어"이다(Sohn Ho-min 1999: 289, Li & Thompson 1976). 주제성이 강한 언어에서는 구정보를 반드시 주어로 삼을 필요가 없다. 이런 언어에서는 구정보를 주제로 삼으며, 그렇게 되면 뒤에 오는 문장은 자유롭게 능동문으로도 수동문으로도 나타날 수 있다. 실제로는 많은 경우 능동문이 많이 나타난다.

(20) a. *A*: 이 아이가 왜 다쳤지?
 b. *B*: (이 아이는) 저 아이들이 밀었어. (cf. ?? 이 아이는 저 아이들에 의해 밀려졌어.)

(20)에서 보듯이, (20a)에서 구정보가 된 '이 아이'는 (20b)에서는 반드시 주어로 나타날 필요가 없으며 오히려 주제(예, '이 아이는')로 나타난다. 그러면 뒤에 오는 문장은 능동문으로 표현될 수 있다(괄호 속의 수동문은 오히려 어색하다(Sohn Ho-min 1999: 369)). 이것이 영어에서보다는 국어에서 수동문이 발달하지 않은 이유 중의 하나이다(다른 이유는 3.1 참조).

1.3.4 또한 수동문은 주제의 연속성(topic continuity)에 연유하기도 한다. 문단(paragraph)은 일반적으로 하나의 주제를 중심으로 이루어진 일련의 문장들의 집합이다. 문단의 문장들은 동일한 주제를 주어로 하여 구성되는 경향이 있다(그래야 문단의 응집성(coherence)이 얻어진다). 이처럼 동일 주제를 계속 유지하려는

노력 때문에 수동문이 쓰이기도 한다.[1] 다음을 보자.

(21) a. Pope arrived in Madrid this morning.
b. He was immediately besieged by the reporters. (cf. ??? The reporters immediately besieged him.)

(21)에서 주제는 Pope이다. 따라서 (21b)에서도 Pope를 주제로 하여 문장을 형성하게 된다. (21b)에서 Pope는 피영향자이므로 (21b)는 수동문이 되어야 한다.

1) 부언하여, 주제의 연속성은 영어보다는 국어와 같은 주제성이 강한 언어에서 보다 많이 발견된다. 예를 들어, 국어에서는 하나의 주제 밑에 여러 개의 문장들이 연속적으로 나타나는 예가 아주 흔하다.
[예문] 이 민족은 [처음에는 흩어져 살다가] [국력이 강해지자] [뭉쳐서] [대동강 유역에 나라를 세우고] [주몽을 임금으로 세운 뒤] [주위의 부족을 병합하여] [고조선이라는 나라를 세웠다].
[예문]에서는 하나의 주제(예, '이 민족은') 하에 7개의 문장들이 연속되어 있다. 즉, 하나의 주제가 담화에서 연속적으로 유지된다.

연습문제 21

알맞은 동사의 형태로 빈칸을 채우시오. 필요하면 적절한 조동사를 함께 넣으시오.

1. My purse (steal) __________ yesterday, but I haven't noticed it until today.
2. We don't have to pay the tip. Service (already include) __________ in the bill.
3. A new hospital (build) __________ next year.
4. Next year Jenny (award) __________ a scholarship by the university.
5. This mail (should mail) __________ last week. How did you forget that?
6. *A*: May I use your phone?
   B: I'm sorry, but the phone (use) __________ by my sister.
7. Foreigners (require) __________ to carry legitimate visas.
8. He (not admit) __________ to the testing room because he arrived too late.
9. The room is too dirty. It (clean) __________ before you left.
10. I remember (give) __________ a doll for my birthday when I was a child.
11. The thief came into the building without (see)

____________.

12. I hate to (push) __________ around by you or anybody.

연습문제 22

다음의 예시를 참조하고, 주어진 토픽들을 사용하여, 수동형 문장으로 된 대화를 나누시오.

[예시]

교사: Min-su. Somebody stole your watch.

민수: Oh! My watch was stolen.

순희: Min-su, what happened to your watch?

민수: It is stolen.

다음과 같은 토픽들을 이용하여 보시오.

1. English is a very important language.
2. What happened to the thieves and beggars sleeping at the station?
3. Tell me who invented the bicycle? It was invented …… Well, I don't know.
4. This picture is quite impressive. Who is the painter? Do you know?

2. 예외적 수동문(Exceptional Passives)

2.1 수동문의 원형적 모습은 형태상으로는 'be+V-en by+행위자'의 모습을 지니며, 의미상으로는 피영향자가 술어가 나타내는 행동에 의하여 어떠한 영향을 받았는가를 기술하는 문장이다. 그런데 수동문의 일부는 이러한 원형에서 벗어나 예외적인 모습을 보여주는 예들이 있다.

2.2 수동문은 성격에 따라 상당한 동작성(dynamicity)이 느껴지는 것이 있고 반대로 동작성이 결여된 것이 있다. 다음의 수동문을 보자.

(22) Mary was kicked.
(23) The city was attacked by the enemy planes.

(22)~(23)은 모두 주어인 Mary와 the city에 무슨 일이 일어났는가를 기술하고 있다. 그런데 kicked나 attacked는 상당한 행동이 계속적으로 이루어지는 느낌(혹은 동사성(verbal force))이 느껴진다(Quirk & Greenbaum 1973: 140). 그러나 (22)~(23)과 달리 다음과 같은 수동문은 그러한 동적 의미가 없다.

(24) The door is locked.
(25) The window is broken.
(26) Korea is located between China and Japan.

locked나 broken의 경우, 일단 '잠그는' 행동이나 '깨지는' 행동이 끝나면 더 이상의 동작은 없고 어떤 상태, 즉 '잠겨진' 상태나 '깨진' 상태에 들어간다. 이런 점에서 (24)~(25)의 locked나 broken은 동사의 과거분사라기보다는 형용사에 가깝다. 바꾸어 말하면, (24)~(26)의 locked나 broken은 상태를 나타내는 형용사와 유사하다는 것이다. 이는 (24)~(25)를 다음과 비교해 보면 알 수 있다.

(27) The door is dirty.
(28) The window is dark.

실제로 (24)~(26)의 수동형 과거분사 중 일부는 형용사와 유사한 문법적 특성을 보이기도 한다. 예를 들어, locked는 형용사 접두어 un-을 허락한다.

(29) The door is unlocked.
(30) His conduct was (something) unheard of.
(31) They were unprepared.
(32) They were unsatisfied. (=dissatisfied).

그리고 (30)~(32)에서 unheard of, unprepared, unsatisfied는 모두 과거분사에 un-이 붙은 형태이다.

또 어떤 수동형 과거분사는 much가 아니라 전형적인 형용사 수식어인 very에 의해 수식되기도 한다.

(33) I am very satisfied. (cf. I am very/*much happy.)
(34) She was very shocked.
(35) They were very surprised/disappointed/frightened/tired/interested.

괄호 속에서처럼, 형용사는 일반적으로 much에 의해서는 수

식될 수 없고 very를 요구한다. 그런데 (33)~(35)에서 satisfied 등이 very에 의해 수식될 수 있다는 사실은 이 수동 과거분사들이 형용사처럼 기능을 한다는 것을 보여준다. 이런 점에서 (24)~(26)의 locked나 broken, 그리고 (33)~(35)의 satisfied와 같은 형용사와 유사한 과거분사를 가진 수동문을 "상태수동(stative passive)"이라고 부른다.

일반 수동문과 상태수동문의 차이는 다음과 같은 예에서 잘 드러난다. 아래에서 (a)문은 동작성이 강하나 (b)문은 상태가 강조되는 문장이다.

(36) a. Our house is painted every year.
  b. Our house is painted white.
(37) a. The children were dressed every morning by their mother.
  b. She was dressed in black.
(38) a. The door is opened by the soldier every morning.
  b. The door is opened now.
(39) a. His bills are paid regularly every month.
  b. His bills are paid. He owes nothing now.

그밖에 다음의 예들도 모두 상태수동의 예들이다.

(40) The issue is settled.
(41) The letter is written in English.

상태수동은 통상 'by+행위자'를 동반하지 않을 뿐 아니라 전체가 형용사와 같은 상태를 나타낸다는 점에서 수동문의 원형에서 벗어난 예외적 수동문이라고 볼 수 있다.

2.3

원형적인 수동문은 'by+행위자'를 동반하고, by는 영어에서 '-에 의해서'라는 행위자(agent)를 의미하는 전치사이다 (예, Mary was killed by John 혹은 a picture by Picasso). 그런데 어떤 수동문에 나타나는 행동은 이것이 행위자에 의해 행하여진다는 의미를 갖지 않은 것들이 있다. 따라서 이들은 'by+행위자'라는 수동문의 요소와는 의미론적으로 양립하기 어렵다. 그리고 강한 행위성을 의미하는 by 대신 행위성의 의미가 약한 다른 전치사를 사용한다. 다음을 보자.

(42) I am interested in/*by martial arts.
(43) They are annoyed with/*by her behavior.
(44) Mary is married to/*by John.

(42)는 '무술'에 의해 화자에게 흥미가 생겼다기보다는, 혹은 무술이 화자의 흥미를 불러일으켰다기보다는, 화자가 오히려 무술에 관심이 있다는 의미가 더 강하다. 따라서 무술에 의한 강한 행위성이 느껴지는 by는 이러한 의미를 전달하는 데에는 적합지 않다. 무술은 화자가 관심을 가지는 장소 혹은 대상(object)이라는 의미가 오히려 더 적절하고, 이를 위해 by대신 in이 쓰이게 되었다.

(43)에서도 '어떤 여자의 행동'이 '그들'에게 짜증을 내게 했다기보다는 그들이 그 여자의 행동에 오히려 짜증이 났다고 하는 것이 옳다. 따라서 그 여자의 행동에 강한 의도성을 부여하는 by는 적절하지 아니하고 대신 with가 쓰이게 되었다. (44)에서도 결혼은 남녀가 상호 동의하에 결혼생활에 들어간다는 사회 현실에 비추어, 일방에 의한 강한 행위성 혹은 강제성의 의미를 지닌 by는 결혼에

관한 일반적 인식을 나타내는데 적절하지 않다. 따라서 by 대신 to 가 쓰이게 된 것이다.

이런 점에서 볼 때 'by+행위자'가 아닌 다른 전치사가 사용된 수동문도 예외적 수동문이라고 보아야 할 것이다. 다음은 모두 이러한 예들이다.

by가 아닌 다른 전치사를 가진 수동형	
• be accustomed to	• be known for
• be dedicated to	• be qualified for
• be engaged to	• be worried about
• be limited to	• be covered with
• be prepared for	• be dressed in
• be terrified of	• be frightened of
• be bored with	• be pleased with
• be disappointed with	• be scared of
• be excited about	

2.4 여기서 한 가지 언급되어야 할 것은, (42)~(44)와 같이 by가 아닌 다른 전치사를 흔히 동반하는 수동 동사들도 항상 그런 것만은 아니라는 점이다. 만약 행위성이 강조된다면 이들 수동 동사들도 by를 취할 수 있다. 다음을 비교하자.

(45) a. I am interested {in poetry. / b. by what you told me.}

(46) a. I was annoyed {with him. / b. by the dog barking all night.}

(47) a. The boy was scared {of the head master.}
b. {by the thunder.}

(48) a. She was tired {of reading books.}
b. {by/from reading.}

(49) I was surprised by the unexpected snow storm in March, and many people were bothered by the inaccurate weather forecasts.

(45b)에서처럼 청자가 한 말이 내게 흥미를 불러일으켰다면, 이 경우는 의도성이 강하게 느껴지므로 in이 아니라 오히려 by가 쓰인다. (46b)와 (47b)에서도 기분을 나쁘게 하거나 무서움을 야기한 대상을 강조하고자 하면 강한 의도성을 암시하는 by가 쓰일 수 있다. (48)에서도 (a)는 책을 읽느라 피곤한 것이고, (b)는 독서가 피로를 가져다주었다는 의미를 가지고 있다.

앞의 (44)에서 결혼은 남녀가 동등하게 결합하는 것이므로 be married to가 좋다고 하였다. 그러나 만약 옛날에 어떤 왕이 처녀를 그녀의 의사에 관계없이 강제로 결혼의 대상으로 삼았다면, (44) 대신 다음과 같이 말하였을 것으로 예상된다.

(50) The maid was married, almost by force, by the king.

국어에서도 자유의사에 의한 남녀간의 통상적인 결혼은 '-에게' 혹은 '-와'라는 후치사에 의해 표현되지만, 거의 반강제적으로 이루어지는 왕비의 결혼 같은 경우에는 '-에 의하여'라는 수동형이 쓰임을 주목할 만하다.

(51) a. 영희는 농촌 총각과 결혼하였다/농촌총각에게 시집을 갔다.

b. 그녀는 왕에 의해 왕비로 간택되었다.

2.5 수동은 be 동사에 의해서가 아니라 다른 동사에 의해 나타내어지기도 한다. 이런 동사에는 get, become, appear, seem 등이 있다. 이들이 나타나는 수동문은 수동의 원형적 의미에 이 동사들이 가진 고유의 의미가 덧붙여진다.

(52) After walking ten miles, everybody got tired .
(53) I don't often get invited to parties.
(54) The job is becoming increasingly specialized.

get와 become은 어떤 상태에서 다른 상태로 '변화된 후의 결과'를 의미한다. 따라서 (52)~(54)는 '…되(어 지)다'라는 의미를 갖는다. appear와 seem 뒤의 수동 과거분사는 '…된 것처럼 보인다'의 의미를 가진다.

(55) Everybody seemed relieved to hear from them.

이런 수동문들도 모두 원형에서 벗어난 것으로 볼 수 있다. 일례로 이들은 정상적인 수동문에서는 볼 수 없는 제약을 받기도 하는데, get 수동은 be 수동문에는 언제나 가능한 'by+행위자'가 나타나지 않는다.

(56) *The new Post Office got opened by the minister last week.
(57) *He got hurt by the explosion.

2.6 get 수동문의 일부는 역사적으로 'X get X-self V-en'으로 된 사역문(causative sentence)에서 주어(X)와 동일한

지시대상을 가리키는 목적어(X-self)가 생략되어 얻어진 경우도 있다. 예를 들어, John got himself hurt에서, John과 himself가 동일한 지시를 가지므로, 이것이 John got hurt로 변화하였다. 따라서 겉으로는 get 수동문의 형태를 가지게 된 구문이다. be 수동문의 경우, 주어는 술어가 나타내는 행동에 대해 전혀 책임이 없으며, 오히려 피해를 입는 쪽이다. 그러나 사역문으로부터 얻어진 get 수동문에서는 술어가 나타내는 행동에 대해 주어가 오히려 자발성(agentivity) 내지 책임성(responsibility)을 가지고 있는 것으로 느껴진다. 다음을 보자.

(58) a. How was John killed?
b. How did John get killed?

be 수동인 (58a)는 단순히 존이 살해당한 방법을 묻는 질문이나, get 수동인 (58b)는 어떻게 하여 존이 살해당하게 되었는가를 묻는 질문이다. 즉, 존이 살해당하는 과정에서 어떤 역할을 했는가 하는 의미가 있다.

(59) a. John was kicked by a horse.
b. John tried to catch a horse, and got kicked.

(59a)에서 존은 행위자인 '말'에 의해 피해를 입었다. 그러나 (b)에서는 존이 자신의 행동(즉, '말을 잡으려고 한 것')에 의해 스스로 피해를 입었다는 의미가 있다.

이번에는 다음과 같은 예를 보자.

(60) The man was(*got) shot on purpose, the bastards!

(60)은 악당들(bastards)이 어떤 남자를 '고의로' 총살하였다는 의미를 전달하며, 이 과정에서 그 남자는 어쩔 수 없이 죽게 된 것이다. 이 남자가 일방적으로 당한 상황이므로 was shot은 좋다. 이에 반해 총상을 당한 그 남자의 의도가 느껴지는 got shot은 좋지 아니하다.

(61) Radicals were(*got) arrested to keep them from overrunning government.

(62) Radicals got(*were) arrested to prove their courage.

(61)에서는 겉으로는 나타나 있지 않은 행위자(implicit agent)가 반정부 활동을 막기 위해 급진주의자들을 체포한 것인데, 이 과정에서 급진주의자들은 수동적으로 체포되었다. 따라서 be 수동이 적절하다. 그러나 (62)에서는 급진주의자들이 자신들의 용기를 보이기 위해 '의도적으로' 체포를 당한 것이다. 이처럼 능동적으로 당한 경우에는 get 수동만이 가능하며, get 수동은 의미상 능동적 요소를 어느 정도 가지고 있는 수동이라고 보아야 할 것이다.

지금까지 논의한 바를 정리하면, 수동문의 원형(protype)은 형태상으로는 'be+V-en by+행위자'이며, 의미상으로는 피영향자가 술어의 행동에 의해 영향을 받았다는 것이다. 그러나 형용사와 구별하기 어려운 과거분사를 가진 상태수동이나, by가 아닌 다른 전치사를 포함하는 수동문, 그리고 be가 아닌 get와 같은 동사를 가진 수동문, 사역구문으로부터 얻어진 get 수동문은 문법적으로나 의미적으로 원형에서 벗어난 예외적 수동이라고 볼 수 있을 것이다.

연습문제 23

다음 빈칸에 알맞은 표현을 넣으시오. 필요하면 전치사도 넣으시오.

1. My sister (bear) __________ in 1995.
2. Korea (locate) __________ between China and Japan.
3. Larry must be out. The lights in his room (turn off) __________.
4. His room (clutter) __________ papers and books all over.
5. Would you return the book when you (finish) __________ it?
6. Just relax. Don't (upset) __________.
7. There was a car crash on the highway. Did many people (hurt) __________ in the accident?
8. John and Mary were married before, but now they (divorced) __________ each other.
9. During the winter time, the whole country (cover) __________ snow.
10. My car (equip) __________ air conditioning and a CD player.
11. When did you (marry) __________ ?
12. Did you (lose) __________ in the woods? How did you find your way out?

3. 국어와 다른 영어 수동문

3.1 1.3.3에서 주어 중심의(subject-prominent) 영어에서는 주제 중심의(topic-prominent) 국어에서보다 수동문이 더 많이 쓰인다고 하였다. 그런데 이와는 또 다른 이유로 수동문이 영어에는 많이 쓰이고, 이것이 한국 학생들에게는 학습상의 어려움을 야기한다.

우선 어떤 개체가 행동을 일으키고 다른 개체가 그 행동에 의해 영향을 받는 의미구조를 가진 문장을 생각해 보자. 이런 경우, 영어는 행동을 일으키는 개체(agent)를 주어로 삼고 그 행동에 의해 영향을 받는 피영향자(patient)를 목적어로 삼아 agent-patient의 관계를 분명히 하려는 경향이 강한 언어이다. 이때 agent는 생물이든 무생물(inanimate)이든 아무런 제한이 없다.

이에 반해 국어는 agent-patient의 관계를 분명히 하기보다는, 행동에 관여된 생물체(animate)를 주어로 하여 문장을 만드는 경향이 강한 언어이다. 다음과 같은 예를 보자(주어는 밑줄로 표시함).

(63) What has brought you here? (cf. 어떻게 해서 네가 여기에 왔니?)
(64) The explosion killed at least ten people. (cf. 그 폭발로 최소한 10명이 죽었다.)
(65) His achievement earned him respect and admiration. (cf. 그 업적으로 그는 명성을 얻었다.)

(66) The news surprised me. (나는 그 소식에 놀랐다.)

위에서 보듯이, 영어는 causer-causee의 관계만 성립하면 주어는, causer이든 causee이든, 무생물이어도 무방하다. 그러나 국어는 그렇지 않고 생물체만이 주어로 쓰일 수 있다.

이 때문에 능동문의 목적어(object)가 생물체가 아닌 무생물인 경우, 영어는 이를 주어로 삼아 수동문을 만드는 데 아무런 어려움이 없다. 그러나 국어에서는 이것이 가능하지 않다. 다음에서 영어와 국어의 표현을 비교해 보자.

(67) John stole the money. > The money was stolen by John.
(cf. 철수가 돈을 훔쳤다. > *돈이 철수에 의해 훔쳐졌다.)

(68) We can't wait any longer. Something has to be done now.
(cf. 더 이상 기다릴 수 없다. *지금 무엇이 행하여져야 한다.)

(69) *A*: Where did you buy the ring?
B: I didn't buy it. It was given me for my birthday.
(내가 사지 않았어. *이것은 생일선물로 주어졌어.)

(70) The toilet is being used. (누가 화장실을 사용하고 있다.)

이처럼 영어에서는 적절한 많은 수동문들이 국어에서는 원칙적으로 가능하지 않다.

또 영어에서는 능동문의 간접목적어도 수동문의 주어가 될 수 있으나, 국어에서는 이것이 불가능하다.

(71) He was offered a job in Korea. (*그는 한국에서 직장을 구해졌다.)

(72) I want to be told the news immediately. (*나는 곳 소식을 들려지기를 원한다.)[2)]

이러한 많은 예들 때문에 영어는 국어에서보다 수동문이 많고, 또 이들이 한국학생들에게는 어려운 학습상의 문제가 된다.

3.2 또 다른 문제는 동일한 상태가 영어에서는 타동으로 규정되나 국어에서는 달리 자동으로 규정된다는 점이다. 이 경우, 영어에서는 타동이므로 수동문이 가능하나, 국어에서는 자동이므로 수동문이 불가능하다.

(73) The land was inhabited by natives.
(cf. 그 땅은 원주민이 살았다./*그 땅은 원주민에 의해 살아졌다.)

(74) The room was filled with noise.
(cf. 그 방은 시끄러웠다./*그 방은 잡음으로 채워졌다.)

(75) He is survived by his wife and two sons.
(cf. 그가 부인과 두 아들을 남긴 채 죽었다.)

(76) The tables are all occupied.
(cf. 테이블이 모두 찼다.)

(77) The lane was flanked by tall trees.

2) 아마도 (71)~(72)와 유사한 국어의 수동문으로는 다음과 같은 것을 들 수 있다.
① 철수가 강도에게 돈을 빼앗겼다.
② 내가 이발사에게 머리를 깍였다.
그러나 이런 수동문은 국어에서 주변적(peripheral)인 구문으로 영어의 (71)~(72)와 같은 수동문 습득에 큰 도움이 안 된다.

(cf. 오솔길은 양쪽에 나무들이 늘어서 있었다.)

(78) Smoking isn't allowed in the house.

(cf. 집에서는 담배를 피우면 안 된다.)

따라서 이러한 영어의 수동문은 한국 학생들에게 커다란 학습상의 어려움을 제공한다.

마지막으로 어떤 경우는 영어와 국어에서 모두 타동으로 규정되어 있으나, 용법상 영어에서는 수동이 되나 국어에서는 안 되는 경우도 있다.

(79) I did not expect that I was wanted outside.

(cf. 누가 밖에서 나를 찾는 것을 몰랐다.)

이처럼 국어에서는 수동이 될 수 없으나 영어에서는 자연스러운 수동문들이 아주 많다. 따라서 영어의 수동을 이해하는 데는 능동문을 수동문으로 전환하는 규칙을 이해하는 것만으로는 아주 미흡하며, (73)~(78)과 같은 용례들을 많이 찾아 이들의 표현이 자유로울 때까지 많이 연습하여야 한다.

제 4 장

부정사와 동명사(Infinitives and Gerunds)

1. 서 론

1.1 부정사는 동사의 앞에 시제(tense)가 없는 동사라는 것을 의미하는 to를 붙여 to+V의 형태로 나타내고, 동명사는 동사의 뒤에 접미사 -ing를 붙여 V-ing의 형태로 나타낸다. 부정사와 동명사를 포함하는 절(부정사절이나 동명사절)은 문장의 완결에 필요한 모든 요소, 즉 주어와 필요한 논항들(arguments)을 가지고 있으나, 단지, 시제(tense)를 결여하고 있다는 점에서 정상적인 문장과는 다르다. 다음을 보자.

(1) John played tennis.
(2) for John to play tennis
(3) John's playing tennis

(1)은 정상적 문장이고, (2)는 부정사절, (3)은 동명사절이다. 부정사절과 동명사절은 시제를 결하고 있기 때문에 현실 세계에 비추어 그것이 나타내는 명제가 참인지 거짓인지 알 수 없으며, 소위

단언력(assertive force)을 가지고 있지 않다. 따라서 이들은 불구의 절(clause)이라고 볼 수 있다. 바꾸어 말하여 부정사절이나 동명사절은 특정 혹은 구체적 상황과 연계되어 있지 않은 순수 명제이다. 따라서 이들은 다른 문장의 일부로 들어가 그 문장의 시제와 연결되어 이해됨으로써만 쓰인다. 부정사절과 동명사절은, 동일하지는 않지만, 주로 명사(noun)로 기능을 하기 때문에 주어나 목적어(전치사의 목적 포함)의 위치에 많이 나타난다.

(4) a. For John to play tennis is unusual.
  b. John's playing tennis is unusual.
(5) a. I like John to play tennis.
  b. I like John's playing tennis.

(4)는 부정사와 동명사절이 주어의 위치에서, 그리고 (5)는 목적어의 위치에서 쓰인 경우이며, 이들은 주절의 시제와 연결되어 이해된다.

주절의 시제와 같은 시간을 나타날 때는 (4)~(5)에서처럼 동사의 원형이 쓰이나, 주절의 시제보다 앞선 시간을 나타낼 때는 완료형이 쓰인다.

(6) a. For John to have played tennis is unusual.
  b. John's having played tennis is unusual.
(7) a. I like John to have played tennis.
  b. I like John's having played tennis.

그리고 전치사의 목적으로 쓰일 경우는 동명사만이 가능한데, 이는 부정사의 표지인 to가 기본적으로는 전치사라는 점에 기인한다.

(8) a. Everybody complained about John's playing tennis.
   b. *Everybody complained about (for John) to play tennis.

2. 부정사와 동명사의 쓰임

2.1

부정사와 동명사에 관하여 논의되어야 하는 사항 중의 하나는, 이들이 주절의 목적어의 위치에서 목적어로 쓰일 때 그 쓰임이 자유롭지 않다는 점이다. 이들의 쓰임은 주절의 동사에 따라 달라지는데, 주절의 어떤 동사는 부정사를 요구하고 어떤 동사는 동명사만을 요구하며, 그리고 또 어떤 동사는 부정사와 동명사를 모두 허락한다. 먼저 동명사를 요구하는 동사들을 살펴보고, 뒤에 부정사를 요구하는 동사들과 둘 모두를 허락하는 동사들을 살펴보기로 한다.

2.1.1 동명사가 쓰이는 경우

enjoy, keep (on), finish 같은 동사들은 목적어로 절을 취할 때 동명사를 요구한다.

(9) John enjoys repairing old bikes.
(10) The children kept singing in the hall.
(11) I'll leave as soon as I've finished cleaning the house.

이처럼 동명사를 요구하는 동사에는 다음과 같은 것들이 포함된다.

동명사를 요구하는 동사				
• stop*	• avoid	• admit	• miss	• quit
• postpone	• delay	• deny	• risk	• mind
• consider	• give up	• put off	• imagine	

(*stop은 부정사를 요구하는 경우도 있으며, 이는 뒤에 논의한다.)

2.1.2 부정사가 쓰이는 경우

한편 주절의 동사가 hope, promise, expect 등일 때에는 목적어로 절을 취할 때 부정사를 요구한다.

(12) I hope to pass the exam.
(13) Jane promised not to be late.
(14) The officer ordered his men to clean the barracks.

부정사를 취하는 동사 중에는 (12)~(13)처럼 'V+to'(예, 'hope to')와 같은 문형을 가지는 것이 있고, (14)처럼 'V+NP+to'(예, 'ordered his men to')와 같은 문형을 취하는 것도 있다. (12)~(13)은 부정사절의 주어가 주절의 주어와 동일하여 부정사절의 주어가 생략된 문형이다.

(12') I hope (me) to pass the exam.
(13') Jane promised (Jane) not to be late.
(괄호는 그 안의 부정사절의 주어가 생략됨을 의미함.)

(14)는 부정사의 주어(예, his men)가 주절의 주어(예, the officer)와 상이한 경우이다.

이처럼 부정사를 필요로 하는 동사들은 다음과 같다.

V+to의 문형을 취하는 동사					
(가)	plan	agree	intend	offer	pretend
	decide	refuse	manage	attempt	expect
(나)	want	would like			
(다)	seem	appear			

V+NP+to의 문형을 취하는 동사						
(가)	order	permit	force	advise	allow	ask
	remind	encourage	warn	expect	invite	
(나)	want	would like				

2.2 그러면 왜 이러한 현상이 발생하는가? 왜 어떤 동사 뒤에는 부정사만이 쓰이며, 어떤 동사 뒤에는 동명사만이 가능한가? 이는 부정사 표지 to와 동명사 표지 -ing가 가진 기본 의미에 기인한다.

부정사 표지 to는 원래는 장소의 이동을 나타내는 전치사이다.

(15) John is moving to Seoul.

즉, to는 어떤 장소로부터 다른 장소로 이동한다는 의미를 갖고 있다. 그리고 많은 언어에서 장소의 표현은 시간을 나타내는 데 전용된다(이는 일종의 은유(metaphor)라고 볼 수 있다.).

(16) a. They stopped before a large white castle. (장소)
b. They will all come home before Christmas. (시간)

(16)에서처럼 (a)의 before는 원래는 공간의 표현이나 (b)에서

처럼 시간의 표현으로 전용된다. 유사한 이유로 원래 공간 이동의 표현이던 to가 시간의 표현으로 전용되게 되었는데, 시간의 영역에서 to는 현재의 시점에서 다른 시점으로 이동한다는 의미를 갖는다. 따라서 부정사 표지 to는 시간의 영역에서는 '미래 지향적(future-oriented)'이라는 의미를 가지고 있다.

이런 관점에서 2.1.2에 언급된 부정사를 요구하는 동사들을 보면 이들이 모두 미래 지향적 속성이 있음을 알 수 있다.

(가) hope, promise, plan, agree, intend, offer, pretend, decide, refuse, manage, attempt, expect와 같은 동사들은 모두 앞으로 이루어질 일을 나타낸다.

(17) We intend to see their family.
(18) They decided to go out for a picnic.

(나) want, would like 같은 동사들도 "…이었으면 좋겠다"와 같은 의미를 지니므로 앞으로 어떤 일이 이루어지기를 원하는 동사들이다.

(19) They all want to leave soon.
(20) I would like to see him when he comes to the town.

(다) seem과 appear 같은 동사들은 '불확실'이라는 의미 속성이 있다. 뒤에서 논의하겠지만, 미래는 일반적(generic)이라기보다는 특수(specific)한 속성이 있고, 아직 현실화되지 않은(not realized yet) 상황에 관계되기 때문에 불확실한 측면이 있다. 이 때문에 seem이나 appear는 부정사를 요구하는 것으로 보

인다.

(21) They appear to participate in the meeting.
(22) The girl seems to be happy with the doll.

(라) V+NP+to'와 같은 문형을 취하는 order, permit, force, advise, allow, ask, remind, encourage, warn, expect, invite 같은 동사들은 다른 사람(즉, NP로 나타나는 부정사의 주어)이 어떤 일을 앞으로 하도록 하는 것이다. 따라서 이들 동사들은 모두 부정사를 요구한다.

(23) The police forced the driver to pull over.
(24) I encouraged him to work harder.

2.3 이번에는 동명사를 표시하는 접미사 -ing의 의미를 생각해 보자. 영어에서 -ing는 세 가지 환경에서 쓰인다. 하나는 현재진행형이다.

(25) John is walking in the garden.

다른 하나는 소위 현재분사(present participle)라고 불리는 형태이다.

(26) Don't wake up a sleeping lion.
(27) I met the girl wearing velvet trousers.
(28) I found her sleeping on the couch.
(29) Mary came down the street, laughing and singing.

그리고 세 번째가 동명사로서의 -ing이다.

(30) I enjoy reading books.
(31) Playing tennis is fun.

문제는 이 세 가지 -ing가 기본적으로 동일한 의미를 가진 하나의 형태소인가 아니면 각기 다른 세 개의 형태소인가 하는 것이다. 우선 현재진행의 -ing와 현재분사의 -ing는 기본적으로 동일한 것으로 볼 수 있다. 예로, (26)의 a sleeping lion은 a lion that is sleeping으로 바꾸어 볼 수 있고, (27)의 현재분사도 the girl who was wearing velvet trousers로 볼 수 있다. (28)의 "her sleeping on the couch"도 she was sleeping on the couch와 동일하다. 어떤 의미에서 현재진행형의 -ing나 현재분사의 -ing는 모두 be 동사의 보어(complement)로 쓰이고 있는 것이라고 말할 수도 있다.

그런데 현재분사의 -ing와 동명사의 -ing도 동일한 하나의 형태인가 하는 문제에 대하여는 확실한 결론을 내리기가 쉽지 않다. 그러나 현재분사의 -ing와 동명사의 -ing가 상보적 분포(complementary distribution)[1]를 보인다는 점을 주목할 필요가 있다. 동명사는 문장의 주어 위치와 (전치사의 목적을 포함하는)목적어 위

1) '상보적 분포'란 어떤 한 요소(element)가 그것이 나타나는 환경이 변함에 따라 상이한 모습을 띄는 것을 의미한다. 예를 들어 H_2O는 상온에서는 물이라는 액체로 존재하지만, 100℃ 이상에서는 수증기로 그리고 0℃ 이하에서는 얼음으로 존재한다. 이 경우, 물, 수증기, 얼음은 상보적 분포를 이룬다고 말한다. 일반적으로 상보적 분포를 보이는 것들은 기본적으로 동일한 하나의 요소이다. 바꾸어 말하여, 기본적으로는 동일한 하나의 요소가 환경에 따라 달리 모습을 취하는 것에 불과하다. 언어에서 상보적 분포를 이루는 이형태소(異形態素 allo-morphs)들은 모두 하나의 형태소(morpheme)로 간주한다. 예를 들어, 국어의 주격조사 '-가'(모음 뒤에 나타남)와 '-이'(자음 뒤에 나타남)는 상보적 분포를 보이며 모두 하나의 형태소이다.

치 (소위 논항(argument)의 자리)에만 나타난다(위의 (30)~(31) 참조). 이에 반하여 현재분사는 (26)에서처럼 형용사의 위치에 나타나거나, 만약 (27)~(28)을 the girl was wearing과 she was sleeping으로 바꾸어 본다면, be 동사의 보어(complement) 자리에 나타난다. 아니면 (29)에서처럼 소위 비논항(non-argument position)의 자리에 나타난다.

또 동명사의 -ing가 쓰이는 위치에서는 현재진행형의 -ing가 나타날 수 없다는 점도 주목할 만하다.

(32) He always enjoys {working / *being working} on a difficult problem.

만약 동명사의 -ing와 현재진행형의 -ing가 별개의 것이라면 이 둘이 같이 나타날 수도 있을 것이다. 비유로, 영어에서 관사 the와 지시사 that은 같이 나타나지 못한다(예, *that the man). 이 때문에 관사와 지시사를 하나의 범주로 간주한다. 이런 점에서 볼 때 동명사 -ing와 현재진행의 -ing가 같이 나타날 수 없다는 것은 이들이 동일한 하나의 범주에 속하는 것이기 때문이라고 볼 수 있다.

그러나 동명사의 -ing와 현재분사의 -ing 사이에 차이가 있다면, 동명사는 명사적(nominal)인 반면 현재분사는 형용사적(adjectival)이라는 점이다. 이는 위의 (30)~(31)과 (26)~(28)을 보면 쉽게 알 수 있다. 따라서 동명사의 -ing와 현재분사의 -ing를 형태는 같으나 의미는 다른 동음이어(homophone)로 볼 수도 있고, 아니면 이들이 기본적으로 동일한 하나의 형태소(morpheme)이며 단지 분포(distribution)만 다른 이형태(異形態 allo-morphs)로 볼 수도 있다. 후자의 경우, -ing의 형태들은 기본적으로는 하나인데 이들이 나타나는 위치에 따라 그 기능 혹은 쓰임이 달라진다고 보는 것이다(예를 들어, 명사의 위치에 나타나면 동명사, 형용사의 위치에 나타나면 현재분사).

이 문제에 대하여는 결론을 유보하고자 한다. 단, 동명사로 쓰이는 -ing와 현재분사로 쓰이는 -ing 사이에 아주 긴밀한 의미의 연관성이 있음을 주목하고자 한다. 현재진행형과 현재분사로 쓰이는 -ing의 기본적 의미는 동시성(simultaneity)이다. 예를 들어, 현재진행형의 ing는 앞의 be 동사의 시제가 가리키는 시간(예, (25)의 경우 '현재')을 중심으로 어떤 행동이 그 이전에 발생해서 그 시간에도 계속 발생하고 있음을 의미한다. 즉, -ing는 그 앞의 be 동사가 나타내는 시간보다 더 일찍 발생했거나(혹은 이미 실현되었거나(already realized)) 그 시간과 동시가 된다는(즉, 실현 중이라는) 의미를 지닌다고 볼 수 있다. 이를 그림으로 그리면 다음과 같다.

(33)

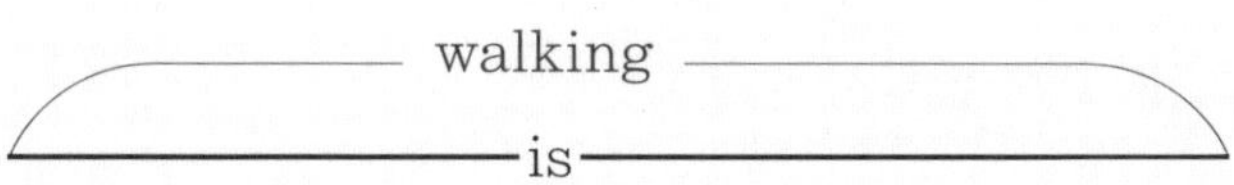

현재분사도 마찬가지이다. (27)의 wearing은 주절의 동사인 met와 동일한 시간 개념을 가지며, (28)의 sleeping도 앞의 found와 동일 시간을 지시한다. (29)에서도 laughing and singing은 주절 동사 came 과 동일한 시간 개념을 내포한다. 이처럼 현재분사의 -ing는 어떤 기준이 되는 다른 시간과 비교하여 동시에 발생한다는 의미를 지닌다.

동명사가 현재분사와 하나의 동일한 형태라면 말할 것도 없거니와, 둘 사이의 유사성 때문에 동명사도 현재분사와 같이 기본적으로 '동시성'의 의미를 가지며 문맥에 따라 그 이전(以前)에 일어났다는 이전성(anteriority)의 의미를 지니기도 한다(Declerk 1991:448, 494 참조). 예를 들어, 다음 문장은

(34) He resented being laughed at.

다음처럼 이해된다.

(35) a. He resented that he was being laughed at. (동시성)
b. He resented that he had been laughed at. (이전성)

이처럼 동명사의 -ing가 어떤 기준이 되는 다른 시간과 비교해서 동시에 일어났거나 혹은 그 이전에 일어났다는 의미를 지닌다는 관점에서 동명사의 쓰임을 보면, 이들이 거의 대부분 이런 의미 속성과 어울릴 수 있는 동사들과 쓰인다는 점을 알 수 있다, 예를 들어, 다음을 보자.

(36) a. John enjoys singing.
b. *John enjoys to sing.

일반적으로 '즐기는' 행동은 즐기는 순간에 이루어지고 있는 다른 행동을 즐기는 것이다. 즉, (36)에서 '즐기는' 것은 그와 동시에 일어나는 '노래하는' 행동이다. 따라서 enjoy는 동시성을 가진 행동(혹은 '이미 실현된' 행동)을 요구하며, 이는 (36a)에서 -ing에 의해 만족된다. 만약 (36b)에서처럼 enjoy 뒤에 부정사 to가 쓰인다면, enjoy의 동시성과 to의 미래성이 의미상의 충돌(semantic conflict)을 일으켜 적절하지 못한 문장이 된다. 마찬가지로, 앞에서 이미 논의한 부정사를 요구하는 hope와 같은 동사의 경우,

(37) a. She hopes to learn English..

b. *She hopes learning English.

(37a)에서처럼 부정사 to 가 쓰이면 hope의 미래성과, to의 미래 지향적 의미가 충돌을 일으키지 않는다. 그러나 (37b)에서처럼 동명사가 쓰이면, -ing는 이미 실현되었다는 의미를 지니기 때문에, -ing와 hope의 미래성이 충돌을 일으켜 적절하지 않은 문장이 된다.

다시 동명사를 필요로 하는 동사들로 돌아가서, keep (on), imagine, avoid, consider 등은 동시성을 의미하는 동사이다.

(38) Keep on singing; don't stop singing.

(39) I can't imagine Jane dating an old man like him.

keep (on)과 '노래하는' 행동은 동시 진행적이다. 그리고 imagine은 'imagine+NP+V-ing와 같은 문형을 취하며, (39)는 '상상하는' 순간 제인이 데이트하는 것이 마음속에서 동시에 그려지는 상황을 나타낸다.

stop, finish, quit, deny, admit, miss, mind와 같은 동사는 대부분 이전성의 의미를 수반한다.

(40) I denied stealing the money.

(41) I'll leave when I've finished reading the newspaper.

(40)에서 '부인하는' 행동은 뒤에 오는 '훔치는' 행동이 그 이전에 일어났다는 것을 의미한다. 마찬가지로 (41)에서도 '끝내는'

행동은 '읽는' 행동이 선행됨을 전제로 한다. 이 때문에 이들 문장에서는 동명사 -ing가 요구된다. 만약 deny나 finish 뒤에 부정사가 쓰인다면, 이들 동사의 이전성과 to의 미래성이 역시 의미상의 충돌을 일으켜 적절하지 않은 문장이 될 것이다.

put off나 postpone 같은 동사도 동명사를 요구한다.

(42) They put off visiting their friend until next week.

postpone, put off와 같은 동사는 미래성을 가진 것으로 보이나, 이들은 과거나 현재 시점에서 이미 계획된 어떤 사태를 앞으로 미루는 것이다. 이 동사들은 연기되는 종점(end point)이 아니라, 연기하는 시점(starting point)에 초점을 맞춘 동사이기 때문에 동명사가 쓰인 것으로 보인다.

이와 같은 설명은, 몇 가지 예외는 있지만, 동명사를 요구하는 동사들의 많은 예들에 적용된다.

연습문제 24

괄호 안에 주어진 낱말의 형태를 바꾸어 빈칸을 채우시오.

1. She promised (not tell) __________ anybody about my secret.
2. I hope (find) __________ a job in my country when I get back home.
3. I haven't finished (read) __________ the book I borrowed from the library.
4. We're going to be busy this week. We have to postpone (send) __________ an answer to their request until next week.
5. He offered (carry) __________ my bag for me.
6. I like soccer. I always enjoy (watch) __________ soccer games on TV.
7. We were all hungry. So I suggested (go) __________ to a restaurant immediately.
8. They finally managed (solve) __________ the problem.
9. She had to make her children's clothes. She could not afford (buy) __________ them.
10. The doctor asked me to give up (smoke) __________ right away.

연습문제 25

다음 예시를 참조하여, 부정사와 동명사를 이용하여 대화를 해 보시오.

[예시 1]

교사: 아이스크림을 먹는 그림을 보여준다. 그림 밑에 like란 낱말을 넣어준다.

학생: I like to eat ice cream.

다음과 같은 예들을 이용하여 보시오.

1. 할머니가 짐을 들어주는 소년에게 고마운 표정을 짓는다. (appreciate)
2. 합창단원들이 노래를 부른다. (keep (on))
3. 장교가 사병들을 행군(march)하게 한다. (force)

[예시 2]

교사: The teacher said to the class, "Be quiet." (tell을 이용하여 바꾸어 말하시오)

학생: The teacher told the class to be quiet.

다음과 같은 문장들을 이용하여 보시오.

1. The doctor says to the patient, "Do not smoke anymore." (quit)
2. My father said to me, " Practice the violin everyday." (order)
3. The teacher said to the class, "Don't cheat in the exam." (warn)

2.4

이번에는 부정사와 동명사를 모두 허용하는 동사들을 살펴보자. 이 동사들은 미래성을 갖은 것으로도 이해될 수 있고 동시에 이전성을 갖은 것으로도 이해될 수 있는 특성들을 가지고 있다. 바꾸어 말하면, 이들은 미래인가 과거인가에 대해 몰가치적이라고 볼 수 있는 동사들이다. 이런 경우 시간 개념은 뒤에 오는 to와 -ing에 의해 결정된다. 즉, 부정사가 쓰이면 미래성의 의미가 생기고, 동명사가 쓰이면 이전성의 의미가 생긴다. 다음을 보자.

(43) a. I remembered to lock the door when I left, but I forgot to shut the windows.
b. I remembered locking the door. I know I locked it.

(43)에서 remember는 미래의 할 일을 기억할 수도 있고 과거에 지나간 일을 기억할 수도 있다. 이런 점에서 remember는 미래성과 이전성에 대해 중립적이라고 볼 수 있다. 이 경우 부정사가 쓰이면 미래성을 의미하고 동명사가 쓰이면 이전성을 의미한다. (43a)는 (앞으로) 문을 잠글 것을 기억하였다는 의미이고, (43b)는 (이미) 문을 잠근 것을 기억한다는 의미이다. 다음도 모두 유사한 예들이다.

(44) a. Sam forgot to mail the letter.
b. Sam forgot mailing the letter.
(45) a. I regret to tell you that your son was arrested.
b. I regret lending him some money. He never

paid me back.

(46) a. I'm ashamed to tell you that he lied.

b. You should be ashamed of lying to him.

(47) a. It was Rutherford who first reported the bird to have become extinct.

b. It was Rutherford who first reported the bird's having become extinct.

forget과 regret 역시 미래성과 이전성에 대해 중립적이다. (44a)는 편지를 붙일 것을 잊었다는 것이고, (44b)는 이미 붙인 것을 잊었다는 의미이다. (45a)가 앞으로 말할 것에 대해 유감을 표명하는 것인 반면, (45b)는 이미 돈을 빌려 준 것에 대해 유감을 표명한다. (46a~b)도 유사한 차이를 보인다. (47)에서 (a)문은 어떤 새가 멸종하였음을 처음으로 보고하는 것이고, (b)문은 새가 멸종한 것이 이미 알고 있는 사실로 전제되고 있는 경우이다.

(48) a. I tried to swim.

b. I tried swimming.

(48a)는 수영을 배우려 노력하였다는 의미이고, (48b)는 예를 들어 건강을 위해 한 여러 가지 일 중의 하나로 이미 수영도 해보았다는 의미이다(문룡 1987).

stop, go on 도 이러한 부류에 속하는 동사로 볼 수 있다.

(49) a. The students stopped talking when the teacher came in.

b. The students stopped to talk to their teacher.

(50) a. They went on talking for hours.

b. After talking about grades, they went on to talk about the teachers.

(49a)는 이야기하던 것을 멈추었다는 이전성의 의미를 가지고, (49b)는 (앞으로)이야기하기 위해 하던 일을 멈추었다는 미래성의 의미를 지닌다.

2.5 부정사와 동명사의 이러한 차이는 감정동사(emotion verbs)의 경우에서도 엿볼 수 있다. like, love, hate, prefer, can't stand, can't bear와 같은 동사들은 동명사와 부정사를 모두 취할 수 있는데, 이 경우 둘 사이에는 이미 실현된(already realized) 것과 아직 실현되지 않은(not realized yet) 것의 차이가 생긴다.

(51) a. I like him to be nice.
b. I like him being nice.

(52) a. The boss asked me to come to the office Saturday. But I hate to work this weekend.
b. The office was terrible. I hate working there.

(51a)는 아이가 (앞으로)착하게 놀았으면 좋겠다는 의미이고, (51b)는 아이가 (이미)착하게 놀아 좋다는 의미를 지닌다. (52a)는 앞으로 주말에 일하기 싫다는 것을, (52b)는 그 사무실에서 일했던 것을 싫어한다는 의미를 지닌다.

그러나 begin, start, continue 와 같은 시상동사(aspectual verb)의 경우는 부정사와 동명사 사이에 의미 차이를 느끼기 어렵다.

(53) a. John began to talk.
b. John began talking.

(53b)에서는 begin과 talk가 동일한 시간 구간(time span) 내에서 일어나는 것 같은 느낌이 드나, (53a)에서는 begin이 먼저 시작되고 이어 talk가 일어나는 느낌이 든다. 그러나 이러한 의미 차이마저 다음과 같은 경우에는 느끼기 힘들다.

(54) a. It started to rain.
b. It started raining.

2.6 부정사와 동명사가 보여주는 또 다른 의미의 차이는 '특수성(specificity)'과 '일반성(being generic)'의 차이이다. 다음을 보자.

(55) a. He found parking difficult.
b. He found it difficult to park.

(56) a. Refusing invitations is not always easy.
b. He said, "Do come." It was impossible to refuse.

(55)~(56)에서 동명사가 쓰인 (a)문은 일반성의 의미를 가진다. 그러나 부정사가 쓰인 (b)문은 특수한 상황을 나타낸다. 다음의 (57) 역시 동일한 차이를 보여준다.

(57) I like swimming, but today I don't like to swim.

(58) a. I hate to talk like that.
b. I hate talking like that.

(57)에서도 swimming은 일반적인 행동을 to swim은 특수한 행동을 나타내며, (57)에서 이 둘은 결코 바뀌어져 쓰일 수 없다(예, I like to swim, *but today I don't like swimming). (58)에서는 (a)문은 자신의 이야기라는 느낌이 강하다. 바꾸어 말하여, 부정사의 의미상의 주어가 I 라는 것이다. 그러나 (b)문은 타인의 이야기이다. 여기서 의미상의 주어는 people in general이 된다. 그러나 이 역시 (a)의 부정사 절('to talk like that')은 특수한 상황을, (b)의 동명사 절('talking like that')은 일반적 상황을 나타낸다고 볼 수 있다.

그러나 부정사가 일반적 상황을 나타낼 수 없는 것은 아니다.

(59) I like to play the piano. I enjoy it in general.

위에서 부정사는 피아노 치기라는 일반적인 행동을 나타낼 수 있다. 이처럼 like to가 일반적 상황을 나타낼 수는 있지만, would like to는 항상 특수한 상황만을 나타낸다.

(60) I would like to play piano today.

결론적으로, 부정사는 특수한 상황과 일반적 상황 모두를 나타낼 수 있으나, 동명사는 일반적 상황을 나타낸다고 말할 수 있다.

지금까지 논의한 대로, 부정사는 미래지향적 의미를 지니고 동명사는 동시성 내지 이전성의 의미를 지닌다. 동시에 부정사는 특수성을, 동명사는 일반성을 지닌다. 그러나 부정사가 나타내는 특수성은 부정사의 보다 근본적 의미인 미래성의 또 다른 모습이다. 즉, 특수성은 미래성의 상황적 의미(contextual meaning)라고 볼 수 있다. 반면 동명사의 일반성은 역시 동명사의 보다 근본적 의미인 이전성의 한 양상(aspect)이라고 볼 수 있다. 일반성은 과거의 예들로부터 추론된 것이기 때문에 과거적인 것, 즉 이전성과 관계된다. 반면 특수성은 예측이 불가능한 것이라는 것을 의미하며, 미래는 예측하기 어렵다는 점에서 예측 불가능은 미래성의 다른 의미 속성이라고 볼 수 있다(2.2에서 seem, appear 등의 동사가 부정사를 취하는 것은 불확실성에 연관된다고 지적한 바 있다). 따라서 전반적으로 볼 때 부정사는 미래성을, 동명사는 이전성의 의미를 가지고 있으며, 이들 의미는 이들의 형태, 즉 to와 -ing가 가지는 의미에 기인한다고 할 것이다.

연습문제 26

괄호 안에 주어진 낱말의 형태를 바꾸어 빈칸을 채우시오.

1. We wanted to go to Hawaii for vacation. But the travel agent suggested (go) __________ to Miami instead.
2. They are considering (get) __________ married next month.
3. John advised (buy) __________ a Mercedes, but I decided (buy) __________ a BMW.
4. My father advised me (work) __________ for a bank, but I hate (be) __________ a banker.
5. I never forget (turn off) __________ the lights before I go out.
6. I will never forget (see) __________ the snow-capped Kilimanjaro for the first time.
7. John always remembers (lock) __________ the door before he leaves.
8. He said he had seen me before in Paris. But I barely remember (meet) __________ him in Paris.
9. I enjoyed (meet) __________ you, and I hope (see) __________ you again.
10. I regret (tell) __________ you that your application has not been accepted.
11. I regret (lend) __________ him some money. He never paid me back.

12. I can't go on (study) __________ in the library for so many hours. I need a change.
13. We now have our plans ready. We have to go on (deal) __________ with our finances.
14. I prefer (watch) __________ TV to (go) __________ out to the movies.
15. I prefer (eat) __________ cold hamburger than (cook) __________ myself.
16. I haven't seen the book for a long time. It seems (lose) __________.

3. 부정사절의 주어

3.1 부정사절의 주어는 주절의 주어와 같으면 생략된다. 그러나 부정사의 주어가 주절의 주어와 다를 경우, 부정사의 주어는 to 앞에 나타난다.

(61) John expected [Ø to win the lottery](Ø=John)

(62) We expected [our son to show up in time for the show]

(61)은 부정사절의 주어와 주절의 주어가 동일하다. 따라서 생략(Ø)되어 문장에 나타나지 않는다. 그러나 (62)에선 부정사절의 주어가 주절의 주어와 다르기 때문에 부정사절의 주어가 to 앞에 나타난다.

그러나 부정사절의 주어가 항상 to 앞에 나타나는 것은 아니다. 다음을 보자.

(63) John seemed to be happy.

(63)에서 John은 부정사절의 주어이지만 to 앞에 나타나지 않고 오히려 주절의 주어 자리에 나타난다. 이는 (63)과 의미가 동일한 (64)을 비교해 보면 분명해 진다.

(64) It seemed that John was happy.

(64)에서 John은 'was happy'의 주어로 be 동사 앞에 나타난다. 주어는 원래 술어동사(부정사절의 경우에는 to+V) 앞에 나오는

것이 원칙이라는 점에서 볼 때, (63)에서의 부정사절의 주어는 원래는 to 앞에 있었으나 후에 주절의 주어의 자리로 옮아간 것으로 볼 수 있다. 이처럼 종속절의 주어가 주절의 주어로 이동하는 현상을 '인상(raising)'이라고 부르는데, 그림으로 표시하면 다음과 같다.

(65) [ ] seemed [John to be happy] ☞ [John] seemed [___ to be happy]

왼쪽 문장에서 부정사절의 주어 John은 비어있는 주절의 주어 자리로 이동할 수 있다. 그러면 오른쪽 문장에서처럼 부정사절의 주어가 to 앞에 위치하지 않고 외형상으로는 주절의 주어자리에 위치하게 된다.

'인상' 과정을 거쳐 부정사절의 주어가 to 앞에 나타나지 않는 경우는 seem 이외에도 다음과 같은 동사에서도 발견된다.

appear, be likely, happen, turn out, be certain 등

(66) Our team is certain to win the game.
(cf. It is certain that our team will win the game.)

(67) The old men appeared to be all drunk.

(68) The weather is likely to be lousy tomorrow.

(69) I happened to be out when he called.

(65)~(69)에서 볼 수 있는 것처럼, 부정사절의 주어의 인상을 허락하는 동사들(예, 'be certain to,' 'be likely to') 역시 대부분 미래성이 있는 동사임을 주목할 필요가 있다.

마찬가지로 수동형 동사(예, 'is said ... to') 뒤에 오는 부정사 절의 주어도 to 앞에 위치하지 아니하고 주절의 주어 자리로 인상

된다. 이런 동사들에는 다음과 같은 것들이 포함된다.

is said, is believed, is considered, is reported, is expected, is thought 등

다음과 같은 예를 보자.

(70) Mary is said to be unhappy with her husband.
(cf. It is said that Mary is unhappy with her husband.)

(71) Two people are reported to have been injured in the car accident

(72) The world was believed to be round in the 16th century.

(73) She is considered to be very clever.

연습문제 27

다음 문장들을 보기처럼 고쳐 쓰시오.

[보기]

It is said that John has passed the test.

☞ John is said to have passed the test.

1. It is believed that the couple are travelling around the world.
2. It is reported that a volcanic eruption will take place very soon.
3. It is alleged that the mobs kidnapped the wife of a wealthy banker.
4. It is expected that the rainy season will set in next month.
5. It is thought that he has lost all his money and gone bankrupt.
6. It seems that he was happy when he was young.
7. It appears that his intention was to arrive yesterday.
8. It is certain that prices will go up.
9. It is likely that he left the car unlocked.

제 5 장

조건문(Conditional Sentences)

1. 서 론

1.1 조건문은 조건절(conditional clause)과 그 조건이 만족될 때 성립하는 결과절(resulting clause)로 구성된다. 조건절은 영어에서는 if로 표지되고 국어에서는 '-면'으로 표지된다. 영어의 조건문과 그 체계를 이해하는데 국어의 조건문이 도움이 되므로, 여기서는 영어의 조건문과 국어의 조건문을 비교하면서 논의를 진행하고자 한다.

if (국어의 '면')가 나타내는 의미 중의 하나는 조건절과 결과절 사이의 논리적 관계(logical relation)이다. 다음을 보자.

(1) If 2 plus 2 is 4, then 4 minus 2 equals 2.
(2) If Seoul is the capital of Korea, Seoul is in Korea.
(3) If it gets 100 degrees Celsius, water boils.

(1)에서 if는 2+2=4라는 덧셈식과 4-2=2라는 뺄셈식 사이의

수리적 관계를 나타낸다. (2)에서는 한 나라의 수도와 그 수도의 위치 사이의 관계, 즉 한 나라의 수도는 그 나라에 위치한다는 관계를 나타낸다. 그리고 (3)은 온도와 물의 끓는 점 사이의 관계에 대하여 말하고 있다.

이처럼 if가 조건절과 결과절 사이의 논리적 관계를 나타낼 때는 조건절의 시제는 현재형이 되고 결과절의 시제도 현재형이거나 어떤 경우에는 will을 쓰이기도 한다. 예를 들어, (3)을 다음과 비교해 보자.

(3)′ If it gets 100 degrees Celsius, water will boil.

2. 사실성의 정도와 조건문

2.1 if (국어의 '면')가 나타내는 또 다른 의미는 조건절에 대한 화자의 확신도(certainty)이다. 화자가 자기가 전달하는 명제에 대해 가지는 확신의 정도는 다음과 같이 크게 세 가지로 나누어 볼 수 있다.

명제에 대한 화자의 확신도	
사실의 세계 (Factual world)	• 화자가 100% 사실이라고 믿는 경우.
불확실 세계 (Hypothetical world)	• 화자가 50% 사실이라고 믿는 경우. (바꾸어 말하여, 화자가 그 사실성을 잘 모르는 세계이다. 이 세계에서 실제 화자가 느끼는 확신도는 99%부터 1%까지 다양할 수 있으나 편의상 50%의 확신도를 평균치로 대표한다.)
거짓의 세계 (Counter-factual world)	• 화자가 0% 사실이라고 믿는 경우. (바꾸어 말하여, 화자가 100% 사실이 아니라고 믿는 경우)

이제 이 세 가지 세계가 영어와 국어에서 어떻게 취급되는가를 논의하기로 하자.

2.2 사실의 세계

사실의 세계는 화자가 100% 사실이라고 믿는 경우에 성립한다. 사실의 세계는 국어에서는 조건의 대상이 되어 '면'으로 나타난다.

(4) 봄이 오면 꽃이 핀다.

봄이 오는 것은 자연의 이치이므로 화자는 이에 대해 추호의 의심을 가질 수 없다. 이런 경우도 국어에서는 '면'으로 나타낸다. (혹자는 (4)의 '면'은 조건의 표지가 아니라 시간의 표지라고 주장할 수 있다. 그러나 이는 옳지 않다. 만약 그렇다면 국어는 조건 표지 '면'과 시간 표지 '면'이 둘 있고 이 둘은 동음이어라고 말해야 하는데, 이는 직관에 위반된다.)

설명의 편의를 위해, 남편과 아내 사이의 관계를 생각해 보자. 부부 사이의 관계는 가정마다 상이한데, 여기서는 남편과 아내 사이의 관계가 완벽한 경우를 생각해 보자. 예를 들어 일년 365일 하루도 집에 안 들어오는 일이 없는 남편이 아내에게 5분 후에 집에 도착한다고 전화를 했다고 생각해 보자. 이 경우 아내는 남편이 돌아오리라고 100% 확신한다. 따라서 이 상황은 사실의 세계에 속하는데, 이는 국어에서 조건의 대상이 된다.

(5) 남편이 돌아오면 저녁을 잘 차려주어야지.

그런데 이러한 사실의 세계는 영어에서는 조건의 대상이 되지 못하며, if와 양립할 수 없다. 사실의 세계는 영어에서는 when으로 표지된다. 이런 점에서 영어는 국어와 다르다. 국어의 (4)~(5)는 영어에서는 다음처럼 나타난다.

(4)′ When/*If spring comes, flowers bloom.
(5)′ When/*If John comes home, I'll treat him well.
(남편의 이름을 John이라고 가정함.)

2.3 불확실 세계

불확실 세계는 어떤 사태에 대해 화자가 그것이 사실인지 사실이 아닌지 잘 모르는 세계이다. 불확실 세계는 조건이 성립하는 가장 원형적(prototypical)인 경우로서 국어에서 완벽한 조건의 대상이 된다.

(6) 날씨가 좋으면 소풍을 가자.

그리고 부부 사이의 관계에 있어서, (5)에서의 남편과는 달리, 업무상 혹은 다른 이유로 일년에 가끔은 집에 돌아오지 않는 남편의 경우를 생각해 보자. 지금 시간이 밤 11시쯤 되었다고 할 경우, 아내는 남편이 오늘 집에 돌아올지 않을지 잘 알 수 없을 것이다. 이런 경우가 불확실 세계인데, 불확실 세계는 조건이 성립하는 세계이다.

(7) 남편이 돌아오면 오늘은 따져봐야지.

불확실 세계는 영어에서도 항상 완벽한 조건의 대상이 된다. (6)~(7)에 해당하는 영어의 조건문은 다음과 같다.

(6)′ If the weather is fine, we'll go out for a picnic.
(7)′ If John comes home tonight, I will argue with him.

불확실 세계에 관계되는 조건문의 예를 좀 더 들면 다음과 같은 것들이 있다.

(8) [친구가 당신의 집에서 열쇠를 잃어버렸다. 그가 열쇠를 찾아달라고 부탁할 때]
If I find your key, I'll tell you.

(9) [회사가 문을 닫을지 모르는 위험한 상황에서]
If the factory closes down, many workers will be out of work.

불확실 세계를 나타내는 영어 조건문의 형태는 다음과 같다. 'if+현재시제, 주어+will,' 즉 조건절은 현재시제로 그리고 결과절은 조동사의 현재형(will, may 등)이 쓰인다.

2.3.1 거짓의 세계

거짓의 세계 역시 완벽한 조건의 대상이 된다. 거짓의 세계는 두 가지가 있는데, 하나는 현재에 사실이 아니거나 미래에 사실이 아닐 것이라고 화자가 믿는 경우이다. 다른 하나는 어떤 일이 사실이 아니란 것이 실제로 판명이 난 경우이다. 이 경우는 과거에 일어난 일을 거꾸로 뒤집어서, 즉 0% 사실인 것을 그렇지 않은 것으로 간주하여 조건화하는 경우이다.

전자의 경우부터 다음의 예로 생각해 보자.

(10) 내일 해가 서쪽에서 뜨면 당신과 결혼하겠어요.

자연의 이치상 해가 서쪽에서 든다는 것은 불가능하다. 그러나 역시 내일 일이므로 해가 서쪽에서 뜨는 것이 거짓으로 판명된 것은 아니다. 이런 경우도 조건의 대상이 된다.

다시 남편과 아내의 관계로 돌아가서, 이번에는 남편이 별로 성실치 않아 일년 내내 대부분 집에 돌아오지 않는다고 하자. 그리고 지금 시간이 오전 3시라고 하자. 아내는 남편이 집에 돌아올 확률은 없다고 믿는다. 따라서 남편이 돌아오는 것은, 최소한 아내의 주관적 확신에 의하면, 거짓의 세계에 속한다. 이런 경우도 다음 처럼 국어에서 조건의 대상이 된다.

(11) 남편이 돌아오면, 오늘은 끝장을 내야지.

(10)~(11)와 같은 거짓의 세계는 영어에서도 항상 조건의 대상이 된다.

(10′) If the sun rose in the west tomorrow morning, I would marry you.
(=The sun will not rise in the west tomorrow, so I will not marry you.)

(11′) If John came back today, I would leave him.
(=I believe John will not come back, so I will not be able to leave him.)

다음의 예들 모두 거짓의 세계에 관계된 조건문이다.

(12) What would you do if you won a million dollars.

(13) If somebody pointed a gun at me, I would be very surprised.

(14) What would happen, if I pressed that red button in the elevator?

(15) I don't know his phone number. If I knew it, I could call him right now.

(10′)~(11′) 그리고 (12)~(15)와 같은 조건문은 학교 문법에서는 가정법(subjunctive) 과거 문장이라고 불렀다. 가정법 과거문의 형태는 다음과 같다.

'if+과거시제, 주어+would …'

즉, 조건절에는 과거시제(be 동사는 were)가 쓰이고 결과절에는 조동사의 과거형(would, might, could)이 쓰인다.

2.3.2 거짓의 세계에 속하는 또 다른 조건문은 이미 사실이 아님이 현실적으로 판명난 일을 거꾸로 가정하여 이야기하는 경우이다. (11)에서 남편을 기다리던 아내의 이야기로 다시 돌아가 보자. 새벽 3시까지 남편을 기다리던 아내의 경우, 남편은 끝내 그 날 집에 돌아오지 않았다. 아침 8시쯤 되었을 때 아내는 아마 다음과 같이 말하였을 것이다.

(16) 어제 남편이 돌아 왔더라면 이혼을 했을 텐데.

이 경우는 이미 남편이 안 돌아온 상황에서 쓰이는 것으로 국어에서는 조건절과 결과절에 과거시제 "았"이 쓰인다.

물론 영어에서도 이런 상황은 조건의 대상이 된다.

(17) If John had come last night, I would have left him.
(=John did not come last night, so I was not able to leave him.)

(17)은 과거에 일어난 일을 거꾸로 가정하여 조건화한 것으로 학교 문법에서는 가정법 과거완료라고 부르는 것이다. 다음은 과거에 관계되는 거짓의 세계를 조건화한 것들이다.

(18) [병원에 입원했던 친구를 만났을 때]
If I had known you were in the hospital, I would

have gone to see you.

(19) The view was wonderful. If I had had a camera, I would have taken some pictures.

(20) If I had gone to the party last night, I would have met lots of new people.

가정법 과거완료의 형태는 다음과 같다.

'if+과거완료, 주어+would+현재완료'

지금까지 논의한 조건문의 종류는 다음과 같이 정리해 볼 수 있다.

종 류	조건절	결과절	예 문
사실의 세계	when +현재형	주어+현재형	When spring comes, flowers bloom.
불확실 세계	if+현재형	주어+will	If the weather is fine, I will go out for picnic.
거짓의 세계	if+과거	주어+would	If the sun rose in the west, I would marry you.
	if+과거완료	주어+would +현재완료	If John had come last night, I would have left him.

연습문제 28

알맞은 동사의 형태로 빈 칸을 채우시오. 필요한 조동사를 넣으시오.

1. If it rains tomorrow, I (stay) __________ home.
2. I will help with your math, if I (have) __________ no classes this afternoon.
3. If the weather gets 32 degrees Fahrenheit, water (freeze) __________.
4. I don't have time today. but if I (have) __________ time to spare today, I (play) __________ tennis with my friends.
5. I didn't have money. If I (have) __________, I (take) __________ a vacation.
6. If you finish your vegetables, I (buy) __________ you an ice cream cone.
7. If Larry (stay) __________ in Chicago, he would have worked for his father.
8. If Sylvia were rich, she (not work) __________ part-time at a restaurant.
9. If Jay (be accepted) __________ by Harvard University, he would have majored in physics.
10. If there (be) __________ no water on earth, life as we know it (not exist) __________.
11. If you get more exercise, you (feel) __________ better.

연습문제 29

다음 문장을 조건문으로 바꾸어 쓰시오.

1. I did not know the answer, so I couldn't tell him.
2. The book is too expensive, so I can't buy it.
3. John did not come to the meeting, so we couldn't pray for him.
4. Jay grew up in a city, so he did not know anything about farming.
5. I am tired, so I cannot go on working anymore.

연습문제 30

다음 조건문에 관계된 예시를 참조하여, 주어진 제목을 가지고 토의활동(discussion)을 하시오.

[예시]

교사: Under what conditions, if any, would you, Min-su, lie even to your best friend?

민수: I would do so, if it were something that is not important at all. And if I think it would hurt my friend.

교사: Mia, what do you think of what Min-su said?

학생들: [각자 자기의 의견을 말한다.]

다음과 같은 문장들을 이용하여 보시오.

1. 교사: Under what conditions, if any, would you steal food?
2. 교사: Under what conditions, if any, would you not answer the phone?
3. 교사: Under what conditions, if any, would you refuse an invitation to a party?

연습문제 31

다음 자료를 이용하여, 주어진 상황을 조건문으로 기술하여 보시오.

1. You found that you failed in the exam. You didn't expect such a thing. What would you have done?
2. John didn't come to the party. Actually he didn't know about the party. Oh, what a pity!
3. Amy hurt herself while climbing a mountain. She didn't know that the mountain was so steep.
4. I am not hungry at all. I don't want to eat now.
5. It does not rain now. So I will not carry an umbrella.

연습문제 32

다음은 어느 나라의 통계자료이다. 이를 기초로 하여, 주어진 문제를 풀고 (problem-solving), 이것을 조건문의 형태로 말하시오.

"어느 나라 국민의 40%가 문맹(illiterate)이고, 22%가 기아 선상에 있다고 합니다. 동시에 인구의 40%가 영양실조(malnutrition)로 고생하고 있다고 합니다. 한편 매년 10% 이상의 사람들이 죽는데, 동시에 25% 이상의 어린이들이 매년 태어난다고 합니다. 이 출생률로 가면 인구가 얼마나 더 늘어날지 걱정입니다."

[예시]

교사: Let's assume that the current population of this country were 1000 people. Min-su, then, how many of them would be illiterate?

민수: If there were only 1000 people in this country, 400 people would be illiterate.

교사: Soon-hee, how many people would be in this country next year?

순희: If the population increased 15% every year, the population next year would be 1150 people.

3. 조건문의 유형

3.1 여기에서 국어의 조건문과 영어의 조건문을 비교해 보면 다음과 같은 사실을 알 수 있다. 우선 국어에서는 사실, 불확실, 거짓의 3가지 세계를 모두 조건화할 수 있고, 이를 모두 '면'으로 표지한다. 그러나 영어는 사실의 세계는 조건화의 대상이 되지 않으며, 사실의 세계는 when으로 표지한다. 영어에서는 불확실 세계와 거짓의 세계만이 조건의 대상이 된다. 만약 형태와 의미의 관계가 1:1인 것이 제일 이상적이라면, 국어의 조건문 체계는 영어의 체계보다 덜 이상적이다. 왜냐하면, '면' 하나가 3가지 세계를 모두 나타내야 하기 때문에 의사소통에서 효과적(effective)이지 못할 수가 있기 때문이다. 실제로 세계의 언어를 조사해 보면, 세 가지 종류의 조건문 체계가 있다.

세계 \ 언어	국 어	영 어	Hua
사 실	−면	when	mamo
불 확 실	−면	if	mamo
거 짓	−면	if	hipa−na

(Haiman 1978 참조)

하나는 국어처럼 세 세계를 구분하지 않고 동일하게, 예를 들어 '면'으로, 표지하는 언어이다. 다른 하나는 영어처럼 사실의 세계와 비사실의 세계를 구분하여, 전자는 when으로 후자는 if로 표지하는 언어가 있다. 세 번째는 Hua처럼 세계를 거짓과 비거짓의 세계로 양분하여 이들을 상이하게 표지하는 언어가 있다. 겉으로 볼 때 국어는 세 세계를 구분하지 않는 것처럼 보이나, 사실의 세계를 위해 '-때'나 '-거든'과 같은 형태를 준비해 놓고 있다.

(21) 철수가 올 때 내게 알려다고.

(22) 내가 죽거든 양지 바른 곳에 묻어다고.

위에서 '때'나 '-거든'은 화자가 조건절의 내용이 사실이라고 받아들일 때 쓰인다. 이런 점에서 볼 때, 국어도 영어처럼 사실과 비사실의 구분을 하는 언어로 보인다.

영어의 조건문의 체계는 꽤 이상적이다. 우선 사실의 세계를 조건의 대상에서 제외시킨다. 그리고 불확실 세계와 거짓의 세계는, 조건화가 가능하다는 점에서, 동일하게 표지한다(예, if). 그리고 이 두 세계를 다시 세분하여, 불확실의 세계는 현재형으로, 거짓의 세계는 과거형으로 표지한다. 그리고 여기서 더 나아가, 거짓의 세계를 '아직 실현되지 않은' 거짓과 '판명된' 거짓으로 나누어 아직 실현되지 않은 거짓은 "if+과거, 주어+would"의 형태로, 이미 판명된 거짓은" if+과거완료, 주어+would+현재완료"로 세분해 나타낸다.

조건문은 여러 가지 세계에서 화자가 가지는 확신도를 나타내는 구문이다. 확신도는 사실의 세계로부터 불확실 세계를 거쳐 거짓의 세계로 내려갈수록 낮아진다. 사실의 세계를 무시한다면, 확신도의 감소를 영어는 주로 시제의 형태(tense forms)를 변화시켜 나타낸다(이에 관한 논의는 3장 2절 참조). 예를 들어, 불확실 세계를 나타내는 조건문은 if 절에서 '현재 시제'로 나타나고, 거짓의 세계중 발화시까지 사실로 확인되지 않은 조건문은 '과거 시제'로, 이미 사실로 판정이 난 조건문은 '과거완료 시제'로 나타난다. 이처럼 영어에서는 사실성의 감소를 다른 시제를 사용함으로써, 보다 정확히 말하면 현재 시간으로부터 과거를 거쳐 과거완료로 멀어져 가는 방법을 사용함으로써 나타낸다(3.2에서 말한 대로, 이는 많은 언어에서 과거가 비사실성(irrealis)의 의미 속성을 가지기 때문이다).

국어는 불확실 세계와 거짓의 세계를 모두 동일한 '-면'으로 나타낸다. 그렇다고 해서 국어가 사실에 관한 화자의 확신도의 감소를 나타낼 수 없는 것은 아니다. 이를 위해 국어는 인용(quotation)이라는 상이한 전략을 사용한다. 국어에서 불확실의 세계는 주로 동사의 어간에 '-면'을 붙여 나타낸다. 그러나 거짓의 세계는 '다면'이나, 더욱 정도가 낮을 때에는, '다고하면'과 같은 인용의 표현을 사용한다.

(23) 내일 날씨가 개이<u>면</u> 소풍을 간다. (불확실 세계의 조건문)
(24) 내가 새<u>라면</u>, 날아가리. (거짓의 세계중 아직 실현되지 않은 가정문)
(25) 만약 해가 서쪽에서 뜬<u>다고 하면</u>, 모두가 죽을 것이다. (거짓의 세계중 아직 실현되 지 않은 가정문)
(26) 만약 우리가 일본과의 전쟁에서 이겼<u>다면</u>, 많은 고통을 당하지 않았을 텐데. (거짓의 세계중 이미 사실로 판명이 난 조건문)
(27) 만약 전기가 발명되지 않았<u>다고 하면</u>, 얼마나 불편했을까? (거짓의 세계중 이미 사실 로 판명이 난 조건문)

위에서 '-면'보다는 '-다면'이, '-다면'보다는 '-다고 하면'이 더 사실성의 감소를 나타낸다. 이처럼 국어에서는 확신도의 감소를 '-다 라고 말하면'과 같은 인용표현에서 나온 '-다/라면'이나 '-다고 하면'의 형태를 빌려 표현한다. 인용은 화자로 하여금, 자기가 하는 말의 출처(source)를 다른 사람에게 돌림으로써, 자기가 하는 말의 사실성에 관한 책임을 화자로부터 벗어날 수 있게 해준다. 이런 점에서 인용은 비사실 혹은 가정의 정도를 나타내는 데 효과적이다. 결론적으로 비사실성의 정도를 나타내는 데 있어서 영어와 국어는 각기 상이한 전략을 사용한다. 영어는 상이한 시제 형태를 사용함으로써, 국어는 인용의 표현을 덧붙임으로써 비사실의 정도를 표현하는 전략을 사용하는 언어라고 볼 수 있다. 시제의 변화와 인용은 형태(form)상으로는 상이하지만, 그들이 각 언어에서 가지는 기능(function)은 동일하다.

4. 영어 조건문의 제 특성

4.1 조건문 중 논리적 관계를 나타내는 조건문과 불확실 세계를 나타내는 조건문은 형태가 같다. 둘 다 조건절은 'if+현재형'으로 표시한다. 유일한 차이는 결과절에서 나타나는데, 논리적 관계를 나타내는 경우는 결과절에서 현재형이 많이 쓰이고, 불확실 세계를 나타내는 조건문은 will이 많이 쓰인다.

(28) a. If I have enough time, I often watch TV at home.
　　b. If I have enough time, I will watch TV tonight.

(28a)는 논리적 관계를 나타내는 조건문이다. 이때 화자는 조건절이 나타내는 명제가 사실일지 아닐지를 모르는 것이 아니라, 자기의 여유 시간과 이의 활용 방법에 관하여 이야기하는 것뿐이다. 그러나 (28b)는 불확실 세계를 나타내는 조건문으로 여기서 화자는 여유 시간이 있을지 없을지 잘 모르는 상태에 있고, 시간이 있으면 TV를 보겠다는 것이다. 이처럼 (28)과 같은 예문에서 그것이 논리적 관계를 나타내는 조건문인지 아니면 불확실 세계의 조건문인지는, 결과절이 일반적(generic) 서술인가 아니면 특수한(specific) 상황을 나타내는 문장인가에 크게 좌우되고, 결과절의 시제가 현재형인가(이 경우는 논리적 관계를 나타냄) 아니면 will이 쓰였는가에(이 경우는 불확실 세계의 조건문임) 의해 결정된다.

(29) a. If I don't eat breakfast, I always get hungry in

class.

b. If I don't eat breakfast toady, I will get hungry in class.

(30) a. If the weather gets 32 degrees Fahrenheit, water freezes.

b. If the weather gets 32 degrees Fahrenheit, water will freeze tomorrow.

위에서도 (a)문은 논리적 관계를, (b)문은 불확실 세계를 나타내는 조건문이다.

4.2 위에서 논의한 불확실 세계는 사실의 세계와 거짓의 세계의 가운데 위치한 것으로 99%의 사실성부터 1%의 사실성에 이르기까지 광범위한 사실성 영역을 나타낸다. 그리고 'if+현재형'으로 표시되는 불확실 조건문은 평균하여 50% 내외의 사실성을 가진 것으로 이해된다. 그러나 만약 이 평균치보다 더 크거나 더 적은 사실성을 나타낼 필요가 있을 경우 다른 보조 장치가 이용된다. should는 그 중의 하나로 사실성이 50%보다 훨씬 적은 경우에 쓰인다.

(31) If a war should break out, many people will be killed.

(32) If anyone should call, please take a message.

(33) If you should have any difficulty in getting spare parts, ring this number.

(34) If these biscuits should arrive in a damaged condition, please inform the factory at once.

위에서 should가 포함된 조건문은 조건절의 명제가 사실일 가능성이 50%보다 훨씬 더 적은 경우이다. 또한, 조건문에서 사실성의 정도를 보다 더 정확히 나타내기 위해 동사의 형태 이외에도 여러 가지 조건표지를 쓰기도 한다(예, in case, if and only if, given that 등).

4.3 거짓의 세계와 관련하여, 현재나 미래의 거짓을 다루는 가정문(소위 가정법 과거)과 이미 사실로 입증된 것을 거꾸로 이야기하는 가정문(소위 가정법 과거완료)이 항상 별개로 쓰이는 것은 아니고, 같이 어울려 쓰일 수도 있다. 다음과 같은 예를 보자.

(35) If John had slept last night, he would not be sleepy now.
(=John did not sleep last night, so he is sleepy now.)

(36) If I had taken the medicine last night, I would feel much better now.

(37) If you had locked the door, it wouldn't be cold in here now.

(35)~(37)의 조건절은 과거의 사건을 나타내기 때문에 가정법 과거완료의 형태를 갖고, 결과절은 현재의 사태를 나타내기 때문에 가정법 과거의 형태를 취한다.

(38) If they were good students, they would have studied harder.
(=They are not good students, so they did not study harder.)

(39) If I knew his address, I would have written to him.

(40) If she were good at math, she would have majored in science.

반대로 (38)~(40)에서 조건절은 현재의 사태를 나타내기 때문에 가정법 과거의 문장이고, 결과절은 이에 따른 과거의 사태를 추론적으로 진술하므로 가정법 과거완료의 형태를 취한다.

4.4

조건문은 if로 시작되는 조건절과 결과절로 이루어진다. 그러나 조건절이 항상 if로 이끌어지는 절로 표현되는 것은 아니다. 다음을 보자.

(41) I would have bought the book, but I did not have money.
(=if I had had money)

(42) Without your help I couldn't have finished my homework.
(=If you had not helped me)

(43) Life without friends and family would be miserable.
(=if there were no friends or family)

(44) They ran. Otherwise, they would have missed the train
(=if they had not run)

(41)에서는 조건절이 but으로 시작되는 문장으로 되어 있고, (42)~(43)에서는 without으로 시작되는 전치사구로 나타난다. (44)

에서 조건절은 앞의 문장('they ran')을 지시하는 부사 otherwise에 의해 나타나기도 한다.

또 조건절과 결과절 둘이 항상 같이 쓰이는 것도 아니다. 상황상 의미만 분명하다면, 조건절만 쓰이는 경우도 있고 결과절만 쓰일 수도 있다.

(45) Oh! If you were here... (=You are not here.)

이 경우 결과절은 상황에서 추론되며, 여러 가지 해석이 가능하다.

예 'how happy I would be!'
'you could be in jeopardy'
'nobody would cry like this'

다음 예도 마찬가지이다.

(46) If I had known that you won the lottery… (=I did not know that you won the lottery.)

이 문장은 상대방이 복권에 당첨되었다는 것을 모르고 있었던 상황에서, "알았더라면"이라고 말하는 예이다.

또 결과절만 쓰이는 경우도 많다.

(47) You know, I would almost have succeeded.

(48) I would go with you, but…

이 경우도 조건절은 상황에서 추론될 수 있고 다양한 의미가 있을 수 있다. 예를 들어 (47)은 다음과 같은 조건절을 가질 수 있을 것이다.

예 'If you had helped me'
'If he had not left me'
'If I had had a high school diploma'

연습문제 33

다음 문장을 조건문으로 바꾸시오.

1. I didn't not learn to play the piano, so I feel very sorry.
2. I walked four miles yesterday, so I am sick today.
3. I am not a good student, and I did not study hard before.
4. I do not know anything about computer, so I could not play computer games.
5. I do not like parties, so I did not accept the invitation to Jane's party.
6. I did not cook yesterday, so today I have nothing to eat.

5. 기원문(Optative Sentences)

5.1 기원문은 기본적으로 가정문을 밑에 깔고 있다. 왜냐하면 어떤 사태를 역으로 가정한 뒤 이를 소원하는 문장이기 때문이다. 영어에서 기원(wish)은 I wish 뒤에 가정문을 붙여 나타낸다. 바꾸어 말하여, 기원은 "I wish + 가정문"의 형태를 취한다. 현재나 미래에 이루어질 수 없는 어떤 사태를 역으로 가정하여 기원할 때는 I wish 뒤에 가정법 과거문, 즉 'I wish+과거시제'를 쓴다.

(49) I wish he would call me. (=I don't think he will call me.)

(50) I wish I knew his phone number. (=I don't know his phone number.)

(49)는 어떤 남자가 자기에게 전화를 걸지 않으리라고 확신한 상태에서 이를 거꾸로 가정하여 '그가 전화하기'를 기원하는 것이다. 즉 (49)는 "I wish + if he would call me"라고 볼 수 있다. (50)도 화자가 어떤 남자의 전화번호를 모르는 상태에서 '알았으면'하고 기원하는 표현으로 "I wish + if I knew his phone number"를 의미한다.

반면 이미 사실로 판명된 사태를 역으로 가정하여 기원할 경우는 I wish 뒤에 가정법 과거 완료문, 즉 'I wish+과거완료형'을 쓴다.

(51) I wish he had been invited to the party. (=He

was not invited to the party.)

(52) I wish I had been able to speak English. (=I was not able to speak English.)

(51)~(52)는 모두 과거에 일어난 어떤 사태를 거꾸로 가정하여 기원하는 것으로, (52)를 예로 들면, 이전에 영어를 말하지 못하였고 '그때 영어를 말할 수 있었다면'이라고 기원하는 의미를 지닌다.

그러나 I wish 뒤에 would 가 쓰이면, 가정의 의미는 없고, 단순히 어떤 일이 일어나기를 기원하는 의미가 있는 경우도 있다.

(53) I wish it would stop raining.

(54) I wish he would call me.

(53)에서 화자는 비가 오는 상황에서 단순히 비가 그쳤으면 하고 기대하고 있다. 이 경우 화자가 비가 그치지 않으리라고 확신하고 이를 역으로 가정하는 의미는 없다. (34)도 남자가 전화할지 안할지 모르는 상황에서 그가 전화하기를 기대하는 경우에 쓰인다. 여기에서도 그 남자가 전화하지 않으리라고 가정하는 의미는 없다.

다른 예로, 존이 메리를 기다리고 있는 상황을 상정해 보자. 그런데 약속 시간이 되어도 메리가 나타나지 않고, 존은 메리가 나타나기만을 기다리고 있다. 이런 상황을 우리는 다음과 같이 기술할 수 있다.

(55) John wishes Mary would show up. He wishes she would at least call him, (if Mary can't make it today.) He wishes nothing bad would happen between him and Mary.

요약하면, I wish 기원문은 (49)~(52)와 같은 가정적 기원과 (53)~(55)와 같은 단순한 기원의 두 가지가 있다고 볼 수 있다.

I wish의 형태를 취하는 가정적 기원문은 사실의 반대라는 전제를 깔고 있다. 만약 이러한 전제가 없는 경우는 I wish를 쓰면 안 되고, I hope의 구문을 써야 한다. 다음을 비교해 보자.

(56) a. Welcome to Korea. *I wish you would enjoy your visit.
b. Welcome to Korea. I hope you will enjoy your visit.

(57) a. This is my gift for your birthday. *I wish you would like it.
b. This is my gift for your birthday. I hope you will like it.

위에서 화자는 상대방이 한국 방문을 즐기거나, 선물을 좋아하기를 바라고 있다. 이런 경우에는 (b)에서처럼 I hope를 써야 한다. (a)에서처럼 I wish를 쓰면 상대방이 한국방문을 즐기지 않거나 선물을 좋아하지 않을지 모른다는 전제를 깔고 있고, 이러한 암시를 상대방에게 주기 때문에 적절치 아니하다. 그러나 다음과 같은 경우에는 I hope가 아니라 I wish가 적절하다.

(58) I'm so busy. I wish I had more free time.

(59) I wish you did not make much noise. I can't concentrate.

연습문제 34

괄호 안의 동사의 형태를 적절하게 고쳐 빈칸을 채우시오. 필요한 조동사를 넣으시오.

1. I'd like to go out for a picnic tomorrow. I hope it (not be) __________ cold or windy.
2. I did not meet him when he came to Seoul. I wish I (meet) __________ him at that time.
3. I don't think I can reserve a ticket for the concert. I wish I (reserve) __________ a ticket for the concert.
4. It's raining. I want the rain to stop. I really wish it (stop) __________.
5. I heard he was in hospital. I hope he (get) __________ well soon.
6. I'm sorry that I did not read today's paper. I wish I (read) __________ today's paper.
7. Amy does not trust him. He wishes that Amy (trust) __________ him.

제 6 장

주어와 동사의 일치(Agreement)

1. 서 론

1.1 일치(agreement)란 문장의 어느 한 요소에 따라 다른 요소가 변화하는 것을 의미한다. 예를 들어, 독어에서는 명사구(NP) 내에서 머리어(head)가 되는 명사의 수(number)와 성(gender)에 따라 관사가 변화한다(예, der Mann 'the man,' die Manner 'the men,' das Kind 'the child'). 그리고 불어에서는 소위 소절(small clause) 내에서 소절 주어의 수(number)와 성(gender)에 따라 보어 형용사의 형태가 달라진다(예, Je considere le garcon tres intelligent 'I consider the boy very intelligent' vs. Je considere la fille tres intelligente 'I consider the girl very intelligent). 국어에서는 주어가 존경할만한 대상인가 아닌가에 따라 동사의 형태가 달라진다(예, 아버지께서 오신다. vs. 동생이 온다).

영어에서는 일치현상이 많지 아니하고, 주어의 인칭(person)과 수(number)에 따라 동사의 형태가 변화하는 것이 대표적인 일치의 예이다. 그 밖에도 주어- 목적어 사이의 일치(예, John hurt himself/*herself) 등이 더 있을 수 있다(Quirk & Greenbaum 1976:177-78 참조). 즉, 주어가 3인칭 단수이면 동사에 -s를 붙이고 나머지의 경우에는 원형을 그대로 쓴다.

(1) a. The boys like to sing.
    b. The boy likes to sing.

1.2 영어에서 주어와 동사의 일치에 관한 기본 원칙은 주어가 복수 명사이면 동사의 원형을 그대로 쓰고, 3인칭 단수 명사이면 동사의 원형에 -s를 붙인다는 것이다. 따라서 주어가 단일 명사로 되어 있을 경우는 그 명사의 수에 따라 동사의 형태가 결정된다. 위의 (1a~b)가 그 예이다.

주어가, 단일 명사로 되어 있지 않고, 두 개 이상의 명사, 즉 명사+명사로 된 경우, 이들은 일반적으로는 복수의 수 개념을 가진다. 따라서 동사의 원형을 쓴다. 이는 다음의 예를 보면 알 수 있다.

(2) The boy and the girl meet their friends on weekends.
(3) My father and my brother work for a bank.

그러나 명사+명사의 형태를 가지더라도, 각 명사가 나타내는 두 개체가 항상 같이 쓰이고, 또 의미상 하나의 보다 큰 개체를 형성하

단수로 취급되는 명사+명사 의 예		
cup and saucer	bread and butter	hammer and sickle
man and wife	father and mother	stars and stripes

는 것으로 이해될 경우, 이들은 예외적으로 단수 취급을 받는다.

(4) The bread and butter they serve at the restaurant is quite tasty.
(5) The stars and stripes was flying from a tall flag pole.
(6) Accuracy and precision is a more important quality of language than abundance.
(7) Father and mother is man and wife; man and wife is one flesh.
(8) All work and no play makes Johnny a dull boy.

그리고 명사+명사의 형태를 취하였어도 앞에 every나 each 같은 수량사가 붙으면 이 명사들을 하나하나씩 떼어 이야기하는 것으로 이해되기 때문에 단수 취급을 한다.

(9) Every boy, girl and child in the group is given separate meals.
(10) Each village and town is colored red in the map.

2. 일치의 형식적 원칙

2.1 그러나 주어가 하나의 명사나 대명사로 되어 있지 않고, 명사를 포함하여 긴 표현으로 되어 있을 경우, 동사의 일치를 결정하는 데에는 두 가지 원칙이 있다. 하나는 불간섭의 원칙(Principle of Non-intervention)이라고 불리는 것인데, 이는 주어 표현 속에 머리어(head NP)와 부속 요소가 있을 때는 머리어가 일치를 결정한다는 것이다. 머리어는 해당 구(phrase)에서 제일 중심이 되는 요소이므로, 이는 일종의 '대장(captain) 우선의 원칙'이라고 이름 붙일 수도 있을 것이다. 즉, 주어 표현 내에서 제일 중요한 대장 (표현)이 일치의 결정권을 가지고 있다는 것이다. 다음을 보자.

(11) The magazines on the sofa belong to my sister.

(12) The book on nuclear power plants is extremely important.

(11)의 주어는 the magazines on the sofa이다. 여기서 on the sofa는 magazines를 수식하는 부속 요소이다. 따라서 이 부속 요소들은 일치의 결정에 간섭할 권한이 없으며(즉, no intervention), 머리어인 magazines가 결정권을 갖기 때문에 동사 형태는 원형이 된다. (12)에서는 book가 머리어이고 on nuclear power plants는 부속 요소이다. 따라서 book이 단수이므로 동사에 -s를 붙인다.

문제는 어떤 경우는 무엇이 머리어인지를 판별하는 것이 어렵다는 데 있다.

다음을 보자.

(13) a. Flying planes are dangerous. (날고 있는 비행기는 위험하다.)
b. Flying planes is dangerous. (비행기를 운전하는 것은 위험하다.)

(13a~b)에서는 주어가 동일하다(예, flying planes). 그러나 동사는 (a)처럼 are도 되고 (b)처럼 is도 된다. 이는 머리어의 차이 때문이다. (a)는 flying이 현재분사로 planes를 수식하는 경우이다. 따라서 planes가 머리어가 되어 are가 된다. 그러나 (b)에서는 flying이 동명사로서 머리어이고 planes는 flying의 목적어에 불과하다. 따라서 flying이 결정권을 가져, 동사는 is가 된다.

A as well as B, A with B, A together with B, A along with B, A not (other) B, A no less than B, A but B와 같은 경우에는 앞의 A가 머리어이다. 따라서 A가 동사의 형태를 결정한다.

(14) a. My friends as well as my wife join the party.
b. My wife as well as my friends joins the party.
(15) John along with his brothers plans to open store.
(16) I, not you, am to blame.
(17) The purse, with all its contents, was found in the pocket of the thief.
(18) Nobody but my father and my teacher was there.

어떤 경우는 머리어는 있으나 머리어가 수에 관하여 중립적인 경우가 있다. 즉, 머리어가 수(quantity)와 양(quality) 모두를 나타낼 수 있고, 수의 명사(count noun)와 양의 명사(non-count noun) 모두와 쓰일 수 있다. 이런 경우는 수에 관하여 정보를 갖고 있는 부속어에 의하여 동사의 형태가 결정된다.

(19) a. Some of the book is interesting.
b. Some of the books are interesting.

(20) a. A lot of the equipment in the laboratory is fragile.
b. A lot of the instruments in the laboratory are fragile.

(21) a. Two-thirds of the money is in the bank.
b. Two-thirds of the pennies are in the piggy bank.

(22) The majority of people were waiting for the coming of Jesus Christ.

위에서 some, a lot of 혹은 분수(예, two-thirds) 같은 표현은 수에 관하여 중립적이다. 이런 경우는 (19)~(21)의 (b)에서처럼 뒤에 오는 명사가 수를 나타내는 명사(count noun)일 경우 복수로 받는다. 그러나 (a)에서처럼 뒤에 오는 명사가 양을 나타내는 명사(non-count noun)일 때는 단수로 받는다.

none은 주어 표현 내에서의 머리어(예, none of the boys)로 많이 쓰인다. none은 not one의 의미를 가진 것으로 볼 수 있고, 여기서 one은 단수명사이다. 또 none은 뒤에 오는 명사(예, boy)가 나타내는 집단의 구성원들을 하나의 단위(unit)로 하여 전체를 부정하는 의미를 가진 것으로 이해된다. 따라서 none은 단수의 수 개념을 가진 것으로 영어의 문법은 규정하고 있다.

(23) a. None of the students is going to pass the exam.
(24) None is so deaf as those who do not like to hear.

그러나 뒤에 논의할 것처럼, 이것은 문법적 규정이고, 관념적(notionally)으로는 none이 집단 구성원 모두를 개별적으로 부정하는 것으로 이해되어, 특히 구어(informal English)에서는, 동사의 형태를 복수로 받는 경향이 있다.

(23) b. None of the students are going to pass the exam.

2.2 주어가 단일 명사가 아니라 긴 표현으로 되어 있을 경우에 적용되는 두 번째 원칙은 근접성 원칙(Proximity Principle)이다. 이 원칙은 불간섭의 원칙이 적용되지 않을 때, 즉 주어 내에 머리어(즉, 대장)가 없을 경우에 적용된다. 즉, 주어 표현 내에 머리어라고 볼 수 있는 특별히 튀어나온 명사가 없을 경우, 술어동사에 가까운 명사가 우선권을 가지고 동사의 형태를 결정한다는 것이다. 다음을 보자.

(25) Not only arms and arts but man himself has yielded to the pen.
(26) Either my friends or your sister is going to be invited to the party.
(27) Neither the boy nor his girl friends are welcome here.

not only A but also B와 같은 표현이 주어일 경우, A가 술어동사에 대하여 가지는 관계는 B가 술어동사에 대하여 가지는 관계와 동일하다. 이처럼 주어 내의 두 명사가 동가의(equivalent) 가치를 가지고, 대장이라고 볼 수 있는 것이 없을 때는 술어동사에 가까운 명사가 동사의 형태에 대한 결정권을 갖는다. 따라서 (25)에서는 man이 동사의 형태를 결정한다. 동일한 설명이 (26)~(27)의 either A or B나 neither A nor B에서도 적용된다.

근접성 원칙이 적용되는 또 다른 예는 there로 시작되는 소위 존재구문(existential sentences)에서도 볼 수 있다.

(28) a. There is a girl and two boys in the room.
b. There are two boys and a girl in the room.

존재문에서 be 동사의 형태를 결정하는 것은 there 뒤에 오는 명사의 수라고 문법은 규정한다. 따라서 (28a~b)에서 be 동사의 형태는 a girl과 two boys의 순서에 관계없이 항상 are이어야 한다. 그러나 구어(spoken English)에서 (a)는 is로 받고, (b)는 are로 받는 경우가 있는데, 이는 동사에 근접한 명사가 동사의 형태를 결정하기 때문이다.

또 다음과 같은 예를 보자.

(29) No one except his own supporters agree with him.
(30) One in ten take drugs.

(29)~(30)에서는 머리어가 존재한다. 즉, (29)에서는 no one이 머리어이고, (30)에서는 one이 머리어이다. 그러나 여기에서는 근접성 원칙이, 불간섭의 원칙을 누르고 적용되어, 머리어보다는 오히려 동사에 가까운 명사(예, (29)의 supporters와 (30)의 ten)가 동사의 형태를 결정하고 있다.

연습문제 35

주어진 동사를 적절한 형태로 바꾸어 빈칸을 채우시오. 시제는 현재시제를 쓰시오.

1. Those pictures on the wall (be) __________ drawn by a French artist.
2. The major problem shared by all those countries (be) __________ how to stop the growth of the population.
3. Some of the food in the refrigerator (be) __________ already spoiled.
4. Some of the books I bought last week (be) __________ not interesting at all.
5. Half of the coffee in the pot (be) __________ not made this morning.
6. Half of the shoes in the store (be) __________ imported from Italy.
7. A number of police dogs (be) __________ trained here to detect pot.
8. The number of the students in the class (be) __________ well over thirty.
9. My father, along with my brothers and cousins (refuse) __________ to join the army.
10. Amy as well as her friends (work) __________ at farms during weekends.
11. Three-fourths of the bucket (be) __________ full.

12. Three-fourths of the students in the class (be) __________ from the nearby town.
13. Most of the factories in the city (be) __________ located near the river bank.
14. Most of the meat in the refrigerator (be) __________ not fresh. We bought it almost two weeks ago.
15. None of the parents of the class (agree) __________ to participate in the PTA meeting.
16. At least ten percent of the clothing in the store (be) __________ old-fashioned.
17. Ten percent of the workers of the factory (be) __________ illiterate. They can't read or write.
18. Neither my sister nor her friends (want) __________ to go to the party.
19. Either the boy or his parents (participate) __________ in the class activities.

3. 관념상의 일치

지금까지 논의한 일치의 원칙(예, '불간섭의 원칙'이나 '근접성 원칙'등)은 문법이 규정한 형식적 규칙이다. 그런데 영어의 일치 현상의 특징은 이러한 형식적 규칙과는 관계없이 관념적으로(notionally), 바꾸어 말하여 주어 표현이 단수인가 아니면 복수인가에 대한 사람들의 일반적 인식에 따라, 주어의 수가 결정되고 또 이에 따라 동사의 형태가 결정된다는 것이다. 예를 들어, none이 문법적으로는 단수로 규정되어 있으나 실제로는 이를 복수로 취급하는 경향이 있다고 지적한 바 있다. Celce-Murcia & Freeman(1999:63~65)은 none의 쓰임에 대하여 다음과 같이 보고하고 있다.

none 뒤에 오는 명사가 셀 수 없는 명사(non-count noun)일 경우 대부분 단수로 받는다.

(31) None of the <u>toxic waste</u> <u>has</u> escaped.

waste는 셀 수 없는 명사이므로 단수로 받는다. 그러나 뒤에 셀 수 있는 명사(count noun)가 올 때는 none은 단수로 받기도 하고 복수로 받기도 한다. 그 비율은 거의 반반이다. 다음을 보자.

(32) 사람인 경우(human NP)

None of those <u>firemen</u> { <u>enjoys</u> (53%) / <u>enjoy</u> (47%) } hearing the alarm go off.

(33) 무생물인 경우(non-human NP)

None of the costumes he has tried {fits (50%) / fit (50%)} him.

none을 복수로 이해하는 경향은 부가의문문에 이르러서는 거의 문법적 규칙으로 변화한 것처럼 보인다. 왜냐 하면, 부가의문문에서 none은 항상 복수로 취급되기 때문이다.

(34) None of the boys arrived on time, did they/*he?

이처럼 none은 쓰임에 있어 상당한 변이(variation)를 보여준다. 그리고 유사한 변이가 every에서도 발견된다. 앞에서 논의한대로 every + 명사구는 단수로 받는다. 그러나 부가의문문(tag question)에서 부가절(tag clause)에서는 이를 복수로 받는 경우가 많다. 다음을 보자.

(35) Everyone takes the test, don't they?

(36) Everybody has taken their share of the food, haven't they?

위에서 논의한 none이 보여주는 쓰임상에서의 유동성은 either와 neither에서도 발견된다.

(37) Either of the stories {is (72%) / are (24%)} going to be acceptable.

(38) Neither of them {has (50%) / have (50%)} enough money to afford a car.

(37)~(38)에서 either와 neither는 머리어로 쓰이고 있다. either는 '둘 중의 어느 하나'라는 의미를 지니고, neither는 '둘 중의 어느 하나도 아니라는 (즉, 'not either')' 의미를 가진다. 따라서 문법은 either와 neither를 단수로 규정하고 있다. 그러나 실제 쓰임을 보면 반드시 그렇지는 않다. (37)~(38)에서 보듯이, either는 24% 정도의 사람들이 이를 복수로 취급하고 neither는 50% 정도의 사람들이 이를 복수로 취급하고 있다. 이는 either가 둘 중의 어느 하나를 의미하므로 실제로는 둘 다 가능성이 있다는, 즉 probably both의 의미를 지닐 수 있기 때문인 것으로 보인다. 그리고 neither도 not both의 의미로 이해될 수 있다. 따라서 either와 neither는 복수의 의미를 가진 것으로 이해되는 경향이 많다.

none의 경우에서와 마찬가지로, neither를 복수로 이해하는 경향은 더욱 진행되어 부가 의문문에서는 거의 대부분 neither가 복수로 취급된다. 바꾸어 말하여 부가의문문에서는 neither를 복수로 받는 것이 문법적 규칙으로 변화하고 있다고 볼 수 있다.

(39) Neither of them know the way, do they/*does he?

근접성 원칙도 실제 쓰임에서는 잘 지켜지지 않는 경우가 있다. 먼저 either A or B를 보자. either A or B에서의 일치현상은 다음과 같다. 일반적으로 A와 B가 모두 단수이면 단수동사를 쓴다.

(40) Either the Mayor or his deputy is bound to come.

그리고 A와 B 둘 중의 어느 하나가 복수이면, 복수명사를 B로 택하여(근접성 원칙에 따라) 복수로 받는다.

(41) Either your eyesight or your brakes are at fault.
(cf. ? Either your brakes or your eyesight is at fault.)

(40)~(41)은 모두 근접성 원칙에 위배되지 않는다. 왜냐 하면, 근접성 원칙에 따르면 either A or B 에서는 B가 동사의 형태를 결정하고, 위의 예에서는 동사의 형태가 B에 의해 결정되기 때문이다.

그러나 항상 B가 결정권을 가지는 것은 아니다. 다음과 같은 예를 보자.

(42) Either the professor or her assistants {have to (67%) / has to (33%)} explain every lesson.

(42)에서는 B가 복수명사이므로 동사의 형태는 원형이어야 한다. 그런데 67% 정도의 화자들만이 이를 복수로 취급하고 있다. 그러면 나머지 33% 정도의 화자들은 왜 이를 단수로 취급하는가? 이는 either가 둘 중의 어느 하나를 의미하고, 이 경우 A를 의미할 수도 있기 때문인 것으로 보인다. 그렇다면 A가 단수명사이므로 단수동사로 받은 것으로 생각될 수 있다.

neither A nor B에서도 근접성의 원칙에 의해 B가 동사의 형태를 결정하여야 한다. 그러나 구어에서는 반드시 그렇지도 않다.

다음을 보자.

(43) Neither the students nor the teacher {likes (49%) / like (51%)} that textbook.

(44) Neither you nor he {was (40%) / were (60%)} able to answer the question

(43)~(44)에서 50% 미만의 화자들은 근접성 원칙에 맞게 동사의 형태를 단수로 받고 있으나, 50% 이상의 화자들은 복수동사를 쓰고 있다. 이 현상 역시 neither A nor B가 not both A and B와 같은 복수 의미를 지니는 것으로 이해되기 때문인 것으로 보인다. 그리고 neither를 복수로 취급하는 경향은 뒤에 오는 명사가 일반 명사일 때(예, (43)의 51%)보다 대명사일 때(예, (44)의 60%) 더 복수로 이해되는 경향이 크다.

지금까지 논의한 것처럼, 주어와 동사간의 일치는 문법적 규칙이나 형태보다는 주어 명사에 대해 사람들이 일반적으로 생각하는 수의 관념에 의해 지배되는 경향이 있다. 이러한 해석이 옳다는 다른 증거로, 일치 현상이 직업과 같은 사회언어학적(sociolinguistic) 요인에 의해 달라질 수 있다는 점을 들 수 있다. 다음을 보자.

(45) None of the negotiations __________ likely to succeed.

(45)에서 밑줄 친 부분에 들어가는 동사의 형태는 다음과 같다고 보고되었다(Celce-Murcia & Freeman 1999:64).

	사무직 그룹	학 생	노동자 그룹
단수 is	44%	19%	24%
복수 are	56%	78%	75%

이는 교육을 받은 사무직(white color) 사람들은 56%가, 노동자 그룹은 75%가, 그리고 젊은 학생들은 78%가 none을 복수로 취급한다는 것을 보여준다. 즉, 교육을 잘 못 받은 계층과 젊은이들 사이에서 형식적 일치보다는 관념적 일치가 더 확산되고 있다는 것이다. 언어의 변화가 주로 젊은 인구를 중심으로 발생한다는 점에서(Kiparsky 1972), 만약 이러한 추세가 계속된다면, 언젠가는 none이 모든 사람들에게서 복수로 여겨질 때가 올지 모르며, 그러면 이는 영어에서 언어 변화가 일어난 예가 될 것이다.

언어변화에 관한 이해를 돕기 위해 국어에서의 동사 어미 '읍' > '습'의 변화를 생각해 보자. 원래 '가다'와 같은 동사의 존대 표현은 '갔읍니다' 이었다. 그러다가 과거어미 '았'이 뒤의 '읍'에 연음(liaison)이 되어 '갔습니다'로 변화하였는데, 이러한 변화는 점차 과거어미 '았'과 무관한 다른 경우에로 확산되었다. 예로 '잡읍니다>잡습니다,' '먹읍니다>먹습니다' 와 같은 변화가 일어났다. 그 결과 국어의 모든 경우에서 '읍' > '습'의 변화가 일어났고, 이에 따라 정서법(orthography)도 변화하여 국어의 동사어미 '읍'은 '습'으로 표기하게 되었다. 만약 영미인의 언어의식에서 영어의 none이 항상 다 복수로 느껴지면 영어의 none도 국어에서의 '읍' > '습'의 변화와 유사한 언어변화를 겪게 될 것으로 보인다.

4. 기 타

마지막으로 주어와 동사의 일치에 관계된 몇 가지 주변적 현상을 논의하려고 한다.

(1) 시간(time)이나 돈(money) 그리고 거리(distance)와 같은 표현은 복수명사라고 할지라도 단수동사로 받는다.

(46) Three hours of hard work was enough to make us all tired.
(47) Fifty dollars a month is a large sum in our eyes, but is nothing to him.
(48) Three hundred miles is too far to travel in a day.

시간, 돈, 거리는 셀 수 있는 대상이 아니다. 이런 점에서 (46)의 three hours는 'a certain period'의 의미로, (47)의 fifty dollars는 '금액(sum)'의 의미로, 그리고 (48)의 three hundred miles는 'a certain distance'의 의미로 이해된다. 이들도 모두 형태가 아닌 관념상의 일치라고 볼 수 있다. 이것이 올바른 해석이라는 것을 보여주는 다른 증거로, 어떤 경우는 이들이 다른 단수의 표현(예, this 나 a/an)과 함께 쓰이는 경우도 있다는 점을 들 수 있다.

(49) This ten pounds was stolen from the bookshop.
(50) A lucky two minutes was sufficient for England to win the game.
(51) The ceremony lasted a good twenty minutes.

(2) 수학에서 쓰는 수식에 관계된 표현은 복수명사라고 할지라도 단수로 받는다.

(52) Three and five is eight.
(53) Two and/plus two equals four.
(54) Ten times two is twenty.
(55) Ten divided by two equals five.

(3) 다음과 같은 명사들은 형태상으로는 단수로 되어 있으나 항상 복수로 받는다.

(56) These people were marching on the street silently.
(57) The police were called in to investigate the murder.
(58) Cattle are the major means of income in this region.
(59) Some folk are a real danger on the road. (미국 영어에서는 folks를 많이 씀)

지금까지 논의한 것을 요약한다면, 현재 영어에서의 일치는 문법적 일치와 관념적 일치가 혼재하고 있으며, 이에 따른 여러 가지 변이형(variations)이 상존하고 있다고 말할 수 있다.

연습문제 36

빈 칸에 적절한 낱말을 써 넣거나 주어진 동사의 형태를 알맞게 바꾸시오.

1. None of the people in our class work during the day, do ________?
2. Neither of the passengers want to stop talking, do ________?
3. Neither they nor she ________ able to help me in class.
4. Twelve long years (have) ________ passed since her arrest.
5. Twelve years (be) ________ a long time for her.
6. The police (be) ________ prepared in case there is a riot.
7. Cattle (be) ________ considered sacred in India.
8. Ten and five (be) ________ fifteen.
9. Fifty dollars (be) ________ what they asked to perform the job.

연습문제 37

5명의 학생이 한 조가 되어 다음의 [예시 1]과 같은 질문을 하나씩 만드시오. 그리고 그 질문에 해당하는 조원을 찾아, 결과를 [예시 2]처럼 정리하여 쓴 뒤, 각 조 안에서 리포터 한 사람을 정하여 전체 학생들에게 발표해 봅시다. (시제는 현재시제를 사용하고, all, none, most 나 수사 등을 사용하시오.)

[예시 1]

(i) Who wants to go to Rome (Canada, Brazil etc.)?
(ii) Who likes movies?
(iii) Who knows the best restaurant in Seoul?
(iv) Who likes spicy food?
(v) Whose family consists of more than 5 people? Tell us about them.
(vi) Who has never had a boyfriend or girlfriend?

[예시 2]

(i) Three of us want to go to Rome, but none of us knows about the history of Rome. Just one of us has a map of Rome.
(ii) All of us like to watch movies, and most of us like hor-ror movies.

제 7 장

명 사(Noun)

1. 서 론

1.1 영어의 명사에는 셀 수 있는 명사(count noun)와 셀 수 없는 명사(non-count noun)의 구분이 있다. 편의상 전자를 '가산(可算)명사', 후자를 '불가산(不可算)명사'라고 부르기로 한다. 가산명사는 하나하나 떼어서 셀 수 있는 개체를 가리키는 명사이다. 예를 들어 desk, chair, teacher, student, ball, car, bus와 같은 것들이 이에 속한다. 가산명사는 한 개를 나타낼 경우는 반드시 부정관사 a/an을 붙이며, 여러 개를 나타낼 때는 명사형 복수어미인 -s를 붙인다.

(1) a. I gave a ball to my friend.
    b. I gave five balls to my friend.
(2) a. He has a car.
    b. He has two cars.

불가산 명사는 따로따로 셀 수 없는 개체를 지시하는 명사이다. 따라서 이들은 a/an이나 복수어미 -s가 붙을 수 없다.

(3) I want to drink water. (*a water, *waters)

(4) They bought some furniture. (*a furniture, *furnitures)

2. 불가산 명사

불가산 명사는 다음과 같이 세분해 볼 수 있다.

(가) 물질(mass)을 나타내는 명사
• 액체: water, coffee, milk, oil, tea, blood 등 • 고체: bread, iron, cheese, butter, paper, glass, meat 등 • 기체: air, smoke, gas, steam 등 • 기타: rice, corn, dust, flour, salt, sugar, chalk 등

(5) Coffee is not good for health.

(6) Let's go out and have some fresh air.

(나) 추상적 사물(abstraction)을 나타내는 명사
• 추상적 개념(concepts) (i) honesty, happiness, luck, justice, knowledge, beauty, intelligence, peace, health, courage 등 (ii) advice, information, evidence, proof 등 (iii) homework, work 등 (iv) time, space, energy 등 • 학문의 이름 physics, chemistry, literature, mathematics 등

(7) All men should be treated with justice.

(8) He did not have much <u>luck</u>. He failed in the exam.
(9) All you need is <u>love and patience</u>.
(10) He usually gives me <u>excellent advice</u>.
(11) Tom shows striking <u>originality</u> in his suggestions.

(다) 유사성을 가진 개체들의 집합(a whole group)을 나타내는 명사
• luggage, furniture, clothing, food, garbage, jewelry, mail, equipment, fruit, mail 등

(12) *A*: I like apples, I like water melons. I like bananas, too.
B: You mean you like <u>fruit</u>, don't you?
(13) There is not much <u>food</u> in the refrigerator.

(라) 자연현상(natural phenomena)을 나타내는 명사
• rain, weather, heat, snow, thunder, light, sunshine, electricity, fire 등

(14) We usually had terrible <u>weather</u> on those visits.
(15) We haven't had much <u>lightning</u> or <u>thunder</u> this summer.

가산-불가산 명사의 구분은 한국 학생들에게 매우 이해하기 어렵다. 먼저, 어떤 명사가 셀 수 있는 개체를 나타내는가 아니면 셀 수 없는 개체를 나타내는가가 언어마다 다를 수 있는데, 국어와 영어의 경우에서도 마찬가지이다. 영어에서 불가산 명사로 이해되는 것들 중 일부는 국어에서는 셀 수 있는 명사로 취급되어, 개념

파악이 어렵다. 예를 들어, 영어에서 furniture는 집이나 사무실 같은 일정 공간 내에 있는 가구들(예, 침대, 소파, 식탁, 책상, 의자, 옷장 등)의 집합을 나타낸다. 그러나 이에 해당하는 국어의 '가구'라는 낱말은 가구 각각을 나타내는 셀 수 있는 명사이며 복수형태로도 쓰일 수 있다(예, '가구들이 많다'). homework도 영어에서는 셀 수 없는 개념을 나타내나, 국어의 '숙제'는 구체적 학습사항을 나타내어 셀 수 있는 명사이다(예, '이 많은 숙제들을 언제 다 하지?'). 이처럼 영어에서는 셀 수 없는 명사이나, 국어에서는 셀 수 있는 명사로 이해되는 것들은 상당히 많으며 몇 가지 예를 들면 다과 같다.

(16) 명사의 가산성에 대한 영어와 국어의 차이

- advice: 충고
- mail: 우편물
- equipment: 장비
- bread: 빵(덩어리)
- baggage: 짐(가방)
- sugar: 설탕
- meat: 고기(덩어리)
- soup: 스프(한 접시)
- food: 음식(한 접시)
- clothing: 옷/의류
- rice: 쌀

따라서 국어로부터의 언어간 간섭현상(inter-lingual interference from Korean to English)이 일어나기 때문에 영어에서의 불가산 명사의 이해가 한국 학생들에게 쉽지 아니하다.

둘째, 유사한 명사라도 어떤 것은 가산명사로, 어떤 것은 불가산 명사로 규정되어 영어 내에서도 그 구분이 혼란스럽다. 즉, 일종의 언어내적 간섭현상(intra-lingual interference)을 보인다. 예를 들어, music은 셀 수 없는 명사로 취급되지만(예, *a music, *musics), 같은 음악이라도 song은 셀 수 있는 것으로 취급되어(예, a song, songs) 그 구분이 혼란스럽다. 다음의 예들은 모두 하나는

가산명사로 다른 하나는 불가산 명사로 규정된 유사한 낱말들이다.

(17) a. There are a lot of modern instruments in the factory.
b. There is a lot of modern equipment in the factory.

(18) a. There are no batteries in the toy car.
b. There is no electricity in this house.

(19) a. There are few jobs for young people these days.
b. There is little work for young people these days.

(20) a. What a beautiful view!
b. What beautiful scenery!

(21) a. It was a good suggestion.
b. It was good advice.

따라서 한국 학생들이 이들 명사들을 정확히 사용하는 것은 꽤 어렵다. 이와 같은 자의성(arbitrariness)의 극단적인 예로, headache는 가산명사로 쓰이는데, ache가 들어간 다른 복합어, 예를 들어 toothache, stomachache는 불가산 명사로 쓰인다.

(22) a. I often had headaches, but I don't have one now.
b. Why don't you go to a dentist if you have toothache?

셋째로 문제를 더욱 어렵게 만드는 것은 불가산 명사들이라도 이들이 항상 셀 수 없는 명사로만 쓰이는 것도 아니라는 점이다. 불가산 명사들이 나타내는 추상적 개념(concept)이나 물질(mass)이 현실이나 일상생활에서 구체적 실례(concrete individualized examples)로 구현될 수 있고, 이러한 경우에는 이들도 단수일 때는 a/an이 붙고 복수일 때는 -s 가 붙을 수 있기 때문이다. 다음을 비교해 보자.

(23) a. I like coffee. (커피)
b. I made a coffee. (=커피 한잔)
(24) a. Beer is not expensive in this country. (=맥주)
b. After the work was finished we had a beer. (=맥주 한병)
(25) a. Amy has black hair. (=머리)
b. I found a hair in the soup. (=머리카락)
(26) a. Paper is made of wood. (=종이)
b. I didn't read today's papers. (=신문)
(27) a. Beauty is only skin deep. (=아름다움)
b. Look at this apple. Isn't it a beauty? (=아름다운 사물)
(28) a. This room is too dark. We need more light. (=빛)
b. Don't forget to turn on the lights before you leave. (=등불)

위에서 (a)는 모두 추상적 개념이나 물질을 나타내는 불가산 명사로서의 용례이고, (b)는 이들이 일상에서 현실적인 모습으로 구현된 경우로 셀 수 있는 명사로서 쓰인 용례이다.

또 어떤 불가산 명사는 양(quantity)이나 수(number)를 나타내는 부수적 표현이 덧붙여져 가산명사처럼 이해되기도 한다.

(29) a. I bought some furniture.
b. The sofa is a piece of furniture.

(30) a. You won't get well unless you follow your doctor's advice.
b. He always gives good pieces of advice whenever I'm in trouble

(31) a. Information is very important in modern times.
b. That's a very useful piece of information.

위에서도 (a)는 불가산 명사로서의 용례이고 (b)는 가산명사로 쓰인 용례라고 볼 수 있다. 유사한 예로 a bowl of rice, a bar of soap, a lump of sugar, a loaf of bread, an act of cruelty, a stroke of luck, an article of clothing, a lock of hair, a block of ice 등이 있다. 이처럼 불가산 명사들이 가산명사로도 많이 쓰이기 때문에 가산-불가산의 구분이 더욱 난해하다.

마지막으로 가산명사로도 쓰이고 동시에 불가산 명사로도 사용되는 이중성을 지닌 명사들도 상당 수 존재한다.

다음을 보자.

(32) a. How many rooms are there in this building? (=방)
b. There is no room for doubt. He is dead. (=공간)

(33) a. We had interesting experiences in the country. (구체적 사건)
b. The job requires a lot of experience. (=경험)

(34) a. There are many stars in space. (=우주)
b. I tried to put my books on the shelf, but the space is too small. (=공간)

지금까지 논의한 이유 때문에 영어에서의 가산-불가산 명사의 구분을 정확히 이해하는 것은 꽤나 어려운 일에 속하며, 많은 연구와 연습이 필요하다.

명사들 중에는 어떤 집단(group)을 나타내는 family, audience, committee, staff, team, faculty, crowd 같은 것들이 있다. 이들은 집단을 구성하는 구성원(member)으로 이해될 수도 있고, 집단 전체를 하나의 단위(unit)로 나타내는 것으로도 이해될 수 있다. 전자의 경우는 복수로 받고, 후자의 경우는 단수로 받는다.

(35) a. My family is large. It consists of five members.
b. I have a wonderful family. They help and love each other

(36) a. The team is in danger of being relegated from the second division.
b. The team are playing very well today.

(37) a. The committee was not large.
b. The committee were divided in their opinions.

(38) a. The board is against the proposal.
b. The board are divided on a major point of the issue.

지금까지 우리는 영어에서의 가산-불가산 명사의 구분이 국어의 영향에 기인한 언어간 간섭 현상과 영어 자체에서의 언어 내적 복잡성 때문에 아주 어렵고, 따라서 가산-불가산 명사의 구분 및 이해, 그리고 불가산 명사의 올바른 사용은 한국 학생들에게 큰 문제임을 논의하였다.

연습문제 38

낱말 상자에 있는 낱말로 빈칸을 채우시오. 필요하면 관사를 넣고 명사의 형태도 바꾸시오.

[낱말 상자]

junk hurry music work meat gas station
time trip garbage

1. Listen! Can you hear (   )?
2. He is a vegetarian. He doesn't eat (   ).
3. There are bottles, cans, milk cartons in the waste basket.
   The basket is full of (   ).
4. We're running out of gas. I hope there will be (   ) nearby.
5. I've almost finished the project. There is not much (   ) left.
6. This summer I made (   ) from New York to Boston by train.
7. *A*: Do you have (   ) to discuss about the matter?
   B: I'm sorry. I'm in (   ).
8. There are old cars, refrigerators, used tires, dirty sofas, old television sets and radios in the yard. The yard is full of (   ).

연습문제 39

주어진 낱말의 형태를 바꾸어 빈칸을 채우시오.

1. The average Korean family (consist) __________ of four members, the couple and two children.
2. The family (be) __________ eating dinner now.
3. I went to the circus. The audience there (be) __________ very enthusiastic about the magician's act.
4. I went to the concert. The audience (be) __________ small.
5. The committee (be) __________ at dinner.

3. 명사 앞에 붙는 수량사

3.1 가산명사는 셀 수 있는 개체를 나타내기 때문에 수(number)를 나타내는 수량사와 같이 쓰인다. 반면 불가산 명사는 셀 수 없는 양(quantity)을 나타내는 수량사와 같이 쓰인다.

수를 나타내는 수량사에는 both, a couple of, few, a few, quite a few, several, many, a number of 등이 있다.

(39) I bought a couple of books.
(40) They have made quite a few mistakes in the test.

한편 양을 나타내는 수량사에는 much, too much, little, a little, a great deal of 등이 있다.

(41) There was a little milk in the jar.
(42) I do not have much money in my account.

그 밖에 일부 수량사는 가산명사와 불가산 명사 모두에게 붙을 수 있다. 이들은 some, any, plenty of, a lot of, lots of, most, all,, no 등이 있다. some과 any는 '조금/약간의'라는 의미를 가지며, some은 긍정문에 any는 의문문과 부정문에 많이 쓰인다.

(43) a. I have some books on economics.
b. We put some cognac into the sauce.
(44) a. Do you have any books on agriculture?
b. Have you received any mail toady?

(45) a. There are a lot of machines in the factory.

b. They have a lot of information on the subject.

(46) a. They have harvested plenty of apples this year.

b. There is plenty of equipment in the laboratory.

연습문제 40

다음 빈칸에 many나 much 중 적당한 것을 써 넣으시오.

1. There will be (   ) traffic on the street today.
2. There will be (   ) cars on the street today.
3. I have just a bag. I do not have (   ) luggage.
4. There is room for everybody to stay. We have (   ) rooms in the house.
5. Jane is sorry. She has made (   ) mistake(s) in the English exam.
6. How (   ) television do you watch on average?
7. Some people wear (   ) jewelry to attract others' attention.
8. How (   ) postage do I need for this letter?

3.2 few와 little은 그것이 붙은 명사가 나타내는 개체의 수나 양이 별로 많지 않다는 화자의 부정적인 태도를 전달하며, 반대로 a few와 a little은 그 수나 양이 비교적 많다는 화자의 긍정적 느낌을 전달한다.

(47) a. Amy has made few mistakes in the exam.
b. Amy has made a few mistakes in the exam.

위에서 Amy가 동일한 수의 문제에 오답을 했을지라도 화자의 심적 태도에 따라 few 혹은 a few가 쓰인다. (a)에서 few는 비교적 시험을 잘 치렀다는 느낌을, (b)의 a few는 조금 실수를 했다는 느낌을 준다.

(48) a. We have little homework to do today.
b. We have a little homework to do today.

(48)에서도 우리들이 받은 숙제의 양은 동일할지 모른다. 그러나 우리들의 심적 태도에 따라, little은 숙제가 거의 없다고 느낄 때 쓰고, a little은 숙제가 조금은 있다고 느낄 때 사용한다.

연습문제 41

아래 빈칸에 few/a few little/a little 중 하나를 골라 써 넣으시오.

1. The formula is rather long. ___________ pupils know it.
2. The formula is rather long, but ___________ students already know it.
3. Nobody understands how costly the project is. _____ has been said about the cost of the project.
4. We need a lot of money for the project. ___________ has already been said about the cost of the project.
5. I'm running out of cash. Do you have ___________ dollars?

4. Each와 Every

어느 집단을 지시하는 가산명사의 앞에 each나 every를 붙여 그 집단 구성원 모두를 나타낼 수 있다.

(49) Each/Every man had a weapon.

그런데 each와 every가 동일한 의미를 가지는 것은 아니다. each는 구성원 개개인을 한번에 하나씩 개별적으로 지칭하는 것인데 반해, every는 구성원 모두를 하나로 묶어 지칭한다는 의미를 지닌다. 예를 들어, X, Y, Z로 구성된 집단을 지칭할 때,

(50) each: X had a weapon.
+
Y had a weapon.
+
Z had a weapon.

즉, each는 각 사람을 하나하나씩 들어가면서 그가 무기를 가졌음을 이야기하는 것이다. 반면 every는 X, Y, Z 모두에 대해서 그들이 무기를 가졌음을 이야기한다.

(51) every: X, Y, Z had a weapon.

다음 예도 비슷한 경우이다.

(52) a. Each child who came to the party was given a

present.

b. <u>Every</u> child at the party was given a present.

일반적으로 each는 적은 수의 집단을 나타내는 데 더 많이 쓰이고, every는 큰 수의 집단을 나타내는 데 많이 쓰인다.

(53) a. There are four balls on the table. <u>Each</u> ball is different in color.

b. I like reading books. I have read <u>every</u> (*<u>each</u>) book on that shelf.
(=all the books)

(54) a. In a soccer game <u>each</u> player has a chance to kick.

b. I'd like to visit <u>every</u> (*each) country in the world.

연습문제 42

다음 장소 중 자기가 잘 아는 한 곳을 선택하시오. 그리고 [예시]에서처럼 그 장소를 친구에게 설명해 보시오.

[선택할 장소]

my house, my room, the library at my school, my favorite place

[예시]

My House

There are three rooms and two bathrooms in my house. There is a small kitchen, and there is much furniture in the kitchen: two big fridges, one round table and five chairs. Can you guess how many people there are in my family? In the kitchen cabinet there are also a lot of dishes and bowls, and coffee and tea. You know my father likes coffee very much. My family love each other.

제 8 장

관 사(Article)

1. 서 론

1.1 관사는 명사 앞에 붙어서 그 명사가 지시하는 대상이 청자가 알아낼(identify) 수 있는 혹은 인식할 수 있는 개체인가 아닌가를 나타내는 담화 화용론적 기능을 수행하는 표현이다. 관사에는 부정관사(indefinite article)인 a/an과 정관사(definite article) the가 있다.

부정관사는 수사 one에서 비롯된 것으로 '하나'라는 또 다른 의미도 가지고 있다. "a/an+명사"는 그 명사가 지시하는 개체들의 집합(group)에 속하는 한 구성원(member)이 있고, 이 구성원은 청자가 알아낼 수 없는 개체라는 의미를 지닌다. 예를 들어,

(1) I ate an apple.

(1)에서 'an apple'은 사과의 집합 중의 한 구성원인 어떤 특정 사과를 지시하며, 이 사과는 청자가 알아낼 수 있는 것이 아니다 라는 의미를 지닌다.

이에 반해 "the+명사"는 그 명사가 지시하는 개체들의 집합 중 청자가 알아낼 수 있다고 생각되는 어느 한 구성원을 의미한다. 예를 들어,

(2) I ate <u>the</u> apple that you gave me.

(2)에서 the apple은 청자가 알아낼 수 있다고 화자가 믿는 어느 한 사과를 의미한다.

2. 정관사

2.1 그러면 어떤 경우가 '청자가 알아낼 수 있다고 화자가 믿을 수 있는' 그러한 경우인가? 바꾸어 말하여 어느 경우에 정관사 the 가 쓰일 수 있는가?

첫 번째는 문맥에서 그 정체(identity)를 알 수 있을 때이다. 전형적인 경우는 앞에서 언급된 명사를 다시 언급하는 경우이다.

(3) a. *A*: I bought a bike and a roller skate.
b. *B*: How do you like the bike?
c. *A*: It is fantastic but the roller skate is not.

(3a)에서 a bike와 a roller skate가 처음 언급될 때는 부정관사가 붙는다. 왜냐하면, 화자는 청자가 이들의 정체(identity)를 알아낼 수 없다고 믿기 때문이다. 그러나 (3b~c)에서는, 이미 이들이 (3a)에서 언급되었기 때문에, 청자가 이들의 정체를 알아낼 수 있다고 생각된다. 따라서 (3b~c)에서는 정관사가 쓰인다. 이와 같은 'a(n) NP……the NP'와 같은 관계를 후방조응 (anaphoric reference)이라고 부른다.

그러나 후방조응에서 항상 'the+명사' 앞에 이에 상응하는 'a+명사'가 존재하는 것은 아니다.

(4) Have you heard about Tom? The poor boy has fallen down the stairs.

(5) When I bought my bible I did not notice that one

of the pages was torn.

(6) I opened the ice box. The beer was warm.

(7) I started the car, but the engine did not work.

(4)에서 'the poor boy'는 앞에 'a poor boy'가 없이도 가능하다. 이 경우 정관사의 사용은 앞에서 언급된 Tom으로부터 the boy의 정체가 추론(inference)될 수 있기 때문이다. 마찬가지로 (5)에서 the pages는 앞의 my bible로부터 추론에 의해 정체성(identity)을 부여받는다. (6)~(7)에서도 the ice box와 the car가 뒤에 오는 정관사의 사용을 가능케 한다.

두 번째, 정관사가 붙은 명사의 정체성이 뒤에 나오는 담화에서 확인되는 경우도 있다. 이를 전방조응(cataphoric reference)이라고 부르는데, 전방조응은 the NP의 정체를 밝혀주는 표현(일종의 '선행사'라고도 볼 수 있는 것)이 뒤에 따라 나온다.

(8) The girl who left just now is my sister.

(9) The day was October 11, 2002. A group of terrorists planned to attack the building.

세 번째, 발화의 상황에서 명사가 지시하는 개체의 정체성이 분명한 경우가 있다. 이 경우에도 정관사가 쓰인다.

(10) Do not feed the animals.

(11) Would you open the window, please?

(12) Turn off the light, please.

(13) How can I get to the station?

위에서는 이들 명사가 가리키는 대상이 상황에서 분명하기 때문에 정관사가 붙는다.

네 번째, 이 세상에 관한 백과사전적(encyclopedic) 지식에 의거, 정체성이 확인되고 따라서 정관사가 쓰이는 경우도 있다.

(14) The earth revolves around the sun.
(15) Have you heard about the Prime Minister?
(16) The sky looked cool and pale.
(17) We should do our best to protect the environment.

2.2

이 밖에도 명사가 정체성을 얻게 되는 방법은 여러 가지 있다. 하나는 명사가 관계절(relative clause)에 의해 수식이 되는 경우이다. 다음의 (a)와 (b)를 비교해 보자.

(18) a. I like records.
b. The records that you gave me were fantastic.
(19) a. Life is short and art is long.
b. The art which is being exhibited at the museum is of a low standard.

(18a)는 레코드 일반을 지시하기 때문에 정관사가 안 쓰인다. 그러나 (18b)에서 관계절 'that you gave me'는 이 세상에 많은 레코드 가운데에서 청자가 화자에게 준 특정 레코드로 그 지시를 국한시킴으로써 records에게 정체성을 부여하고, 이 때문에 정관사가 쓰인다. (19a~b)도 동일한 차이를 보여준다. 그러나 관계절에 의해 수식된다고 기계적으로 정관사가 붙는 것은 아니며, 의미상으로 볼 때, 명사가 지시하는 대상의 정체성이 확보되지 않을 경우는 정관

사가 붙지 아니한다.

(20) I want to find a girl who can play the violin.

(21) Do you know a man who can give a letter of recommendation for me?

또한 of로 시작되는 전치사구(PP)도 앞에 나온 명사의 지시를 특정한 것에 한정시킨다. 따라서 일반적으로 정관사가 붙는다.

(22) The steel of the gun barrels was rather rusty.

(23) The literature of the 19th century is characterized by romanticism.

위에서 'of+명사구'로 수식되는 명사는 정관사가 붙는다. 그러나 of가 아닌 다른 전치사구에 의해 수식되면 정관사가 붙지 않는 경우가 많다. (22)~(23)를 다음과 비교해보자.

(24) Life at sea is not as idyllic as you think.

(25) Trade in Europe is facing its worst crisis for fifty years.

(26) Steel from Germany is quite cheap in price.

3. 부정관사

3.1 부정관사는 '하나'라는 의미를 지니므로 셀 수 없는 명사와는 원칙적으로는 사용되지 않는다.

(27) a. Honesty (*An honesty) is something he has never heard of.

(28) a. Iron (*An iron) is a hard metal. ('철')

물론, 앞장에서 논의한 대로, 이러한 불가산 명사들도 여러 가지 이유로 해서 가산명사처럼 쓰이기 때문에 부정관사가 붙기는 한다.

(27) b. I admired him for the honesty he displayed.

(28) b. Bring me the iron, please. ('다리미')

여기서는 (27b)~(28b)와 같은 예는 무시하기로 하자.

그렇다면, 일반적으로 말하여, 부정관사는 단수 개체를 지시하는 가산명사에, 그리고 그것도 청자가 정체를 알아낼 수 없는 경우에 쓰인다고 말할 수 있다.

(29) I met a guy at the party. Do you know who he was?

그러나 부정관사는 이외에도 다른 의미를 가지고 쓰이기도 한다.

(가) 'a certain'의 의미로 쓰이는 경우

(30) A Mr. Smith came to see you. (=스미스 씨라는 사람)
(31) Do you know a Mr. Owens? (=오웬스 씨라는 사람)

이런 경우 부정관사가 붙은 사람을 약간 가볍게 보는 듯한 느낌이 들기도 한다.

(나) '매(每)' 혹은 '-당(當)'과 같은, 즉 per의 의미로 쓰이는 경우

(32) My car ran at 90 miles an hour.
(33) Take this medicine three times a day.

(다) 원형적 의미인 '하나'의 의미로 쓰이는 경우

(34) Not a penny was left of the legacy she had got the year before.
(35) Rome was not built in a day.

(라) 'the same'의 의미로 쓰이는 경우

(36) Birds of a feather flock together.
(37) They are all of an age. (=같은 나이)

(마) 유명한 사람의 이름 앞에 붙어 'one like'의 의미로 쓰이는 경우

(38) She may look like a Marilyn Monroe, but she's got the brains of an Einstein.
(=마리린 몬로 같은 사람, 아인슈타인 같은 사람)

(39) My son is a Mozart. He's only three but already composes music.
(=모짜르트와 같은 음악가)

3.2 부정관사가 관용적으로 쓰이는 경우가 많다. 예로, 동사에서 전성된(derived) 명사에는 통상 부정관사가 붙는다.

• to have a walk	(〈 to walk)	• to give a cry	(〈 to cry)
• to have a ride	(〈 to ride)	• to pay a visit	(〈 to visit)
• to have a talk	(〈 to talk)		

또한 다음과 같은 관용적 표현에 부정관사가 쓰인다.

• have a cold	• at a instance	• have an eye to
• take a fancy	• at a loss	• it is a pity/a mercy that…
• have a talent	• in a hurry	• in a sense 등
• at a glance	• to a degree	

4. 양태와 관사

정관사와 부정관사는 문장의 양태에 따라, 특히 문장의 양태가 사실성(realis)인가 아니면 비사실성(irrealis)인가에 따라 의미가 달라진다. 결론부터 말하면 이들은 다음처럼 정리해 볼 수 있다.

관사 \ 양태	사실성	비사실성
부정관사	특정 개체 (specific)	불특정 개체 (non-specific)
정 관 사	고유지시 (definite reference)	비지시적 (non-referential)

비사실성은 동사의 시제(예, will)나 의미(예, want) 때문에 어떤 사건이나 사태가 사실로 이루어진 것이 아닌 경우를 말하며, 반대로 사실성은 어떤 사태가 이미 사실로 드러난 경우를 두고 말한다. 부정관사의 경우, 비사실성 양태를 가진 문장에서는 불특정 개체(non-specific individual)라는 의미가 살아나고, 사실성 양태를 가진 문장에서는 특정 개체(specific individual)라는 의미가 생긴다. 다음을 보자.

(40) I'd like to buy <u>a car</u>.
(41) Please fetch me <u>a chair</u>.
(42) We need <u>a good cook</u>.

(40)~(42)는 would like와 need라는 동사의 의미적 특성과 현

재시제 때문에 모두 비사실성이라는 속성을 갖는 문장이다. 이 경우 부정관사가 붙은 명사는 불특정 개체의 지시(예, any car, any chair, any good cook)라는 의미를 갖는다.

반면 사실성 양태를 갖는 문장에서 부정관사가 붙은 명사는 특정한 개체를 지시한다.

(43) I've bought a new piece of furniture. ('소파'와 같은 어느 특정 가구)
(44) A man entered the room. (화자가 아는 어느 특정인)
(45) I met a gentleman while walking in the park. (화자가 아는 특정인)

정관사의 경우 사실성 문장에서는 정해진 개체를 지시(definite reference)를 한다. Donnellan(1971)의 용어를 따르면, "지시적(referential)" 의미를 갖는다.

(46) I'd like to hear more about the trip you've made.
(47) Who's the man standing in the corner?

(46)~(47)은 사실적 양태를 가진 문장이며, 이 때 정관사는 화자도 청자도 알고 있는 정해진 지시성을 갖는 개체를 지시한다.

그러나 비사실성 양태를 가진 문장의 경우, 정관사는 어떤 개체를 지시하는 것이 아니라 그 개체가 지닌 속성(property)을 나타낸다. Donnellan의 용어에 의하면, "속성적(attributive)" 의미를 갖는다.

(48) The person who did this must have been out of his mind.

(49) The police believe that <u>the thief</u> was a child (but they do not know who it is).

(48)은 must have been이, (49)는 believe가 이들 문장이 비사실적임을 나타내고, 이 경우 정관사는 속성을 나타내는 비지시적(non-referential) 의미를 갖는다. 예를 들어, (48)의 밑줄 친 표현은 '이런 짓을 한 사람이 누구인지는 모르지만 그 사람은'이라는 비지시적 의미를 갖는다.

5. 총칭지시(Generic Reference)

부정관사와 정관사는 어떤 개체들의 전체, 즉 종(genus)을 나타내기도 한다. 이를 총칭지시라고 부르는데, 가산명사의 경우와 불가산 명사의 경우로 나누어 논의하기로 한다.

5.1 가산명사의 경우

가산명사의 총칭지시는 정관사 the를 쓰는 방법, 부정관사 a/an을 쓰는 방법, 마지막으로 관사를 쓰지 않고 복수형으로 쓰는 세 가지 방법이 있다.

(가) 정관사를 쓰는 방법

(50) <u>The dog</u> is a faithful animal.
(51) <u>The rose</u> is a symbol of love.

총칭명사로서 'the+명사'는 그 명사가 지시하는 개체의 원형(prototype)을 의미한다고 볼 수 있다. 예로, (50)의 the dog은 화자의 마음속에 그려져 있는 '개'의 개념(concept)—즉, '어떠 어떠한 특성을 지닌 개체'라는 dog에 관한 심상(mental image)—을 지시하고 있다고 볼 수 있다.

(나) 부정관사를 쓰는 방법

(52) <u>An apple</u> is good for health.
(53) <u>A bird</u> has two wings.

'a+명사'는 그 명사가 지시하는 개체들로 구성된 종(species)에 속하는 임의의 예(arbitrary member)를 통해 전체를 나타내는 경우라고 볼 수 있다. 예를 들어, (53)의 a bird는 "Take a bird, no matter which one"과 같은 의미를 지닌다.

(다) 관사 없이 복수형을 쓰는 방법

(54) Elephants like to eat grass.
(55) Cats are the earliest animal tamed by man.

관사가 없는 복수명사가 총칭지시를 할 경우는 그 명사가 지시하는 개체 일반(the entities in general)을 나타내는 경우라고 볼 수 있다. 예를 들어, (54)는 "I'm speaking about elephants in general, not about some particular elephants"라는 의미를 지닌다.

이 세 가지 총칭지시 형태는 의미가 똑같지는 않기 때문에 어떤 경우는 맞바꾸어 쓰일 수 없다. 다음과 같은 예를 보자.

(56) The elephant (*An elephant) is dying out. (코끼리가 멸종되고 있다)
(57) The elm tree (*An elm tree) has almost disappeared on the continent.
(58) The oak (*An oak) is to be found all over the world.
(59) The cat (*A cat) was one of the first animals to be kept as a pet.
(60) a. Jane prefers the cinema to the theatre.
b. *Jane prefers a cinema to a theatre.

5.2 불가산 명사의 경우

불가산 명사의 경우, 총칭지시는 통상 관사가 없는 명사의 원형이 쓰인다.

(61) Fruit is good your health.
(62) Danish cheese is more expensive than French cheese.
(63) Ice is used to keep food fresh.

5.3 기 타

어떤 국민 전체를 나타낼 경우는 'the+국가 이름의 형용사형 + -s'의 형태를 쓰기도 한다.

(64) The Americans fought against the Germans in World War II.
(65) The Koreans are peace-loving people.

물론 국민 전체를 표시하는데 복수형이 사용될 수도 있다.

(66) Americans are hard-working.
(67) Koreans have been living in the peninsula for a long time.

이 때 정관사를 쓰는 경우는 전체로서의 국가적 속성이 강조되고, 복수로 쓰는 경우는 '국민 일반(the people in general)'이 강조된다는 점을 이해하여야 한다.

6. 관사의 생략

일반적으로는 관사가 필요하지만 관사가 생략되는 경우가 있다. 이러한 경우는 의미가 약간 변형되기도 한다.

(가) 건물이나 기관을 나타내는 명사의 경우 정관사가 생략되는데, 이 때에는 건물의 외형적인 모습이 아니라 그 안에서 일어나는 활동이나 건물의 기능 등을 의미한다.

(68) a. We went to school/class/bed/college/town.
(예, '학교에 공부하러 가다')
b. I went to the school/the town to meet John.
('학교 건물에 가다')

(69) a. The wounded are in hospital now. (예, '병원에 입원하다')
b. I passed the hospital on my way home. ('병원 건물을 지나다')

(70) a. Let's talk about it after church/ in court.
(예, '예배 후')
b. Where is the church? ('교회 건물')

위에서 (a)는 '공부하러 학교에 가거나, 병원에 입원해 있거나, 예배를 보러 교회에 간다는 의미를 지닌다. 그러나 (b)에서는 학교, 병원, 교회의 건물 자체를 가리킨다. 다른 예들로는 in/out of jail, in town, to sea, at college 등이 있다.

(나) kind of나 sort of 뒤에서도 부정관사가 잘 안 쓰인다.

(71) That kind of work is not too difficult.
(72) What sort of man is he?
(73) A wolf is a kind of dog.

이 때 관사가 쓰이면 의미가 달라지는 경우도 있다.

(74) a. What kind of car is it? (=어떤 종류의 차인가?-소나타, 아반떼 등)
b. What kind of a car is it? (=그 차가 도대체 차라고 할 수 있는가?)

(다) 두 개의 명사가 and나 전치사로 묶여 전체가 하나를 나타내거나 대조(contrast)를 나타낼 때에도 관사가 안 쓰인다.

(75) You are man and wife before Heaven.
(76) Mother and child are all safe.
(77) The soldiers had to march day and night.
(78) He went begging from door to door.
(79) The soldiers marched arm in arm.

이러한 용례로는 다음과 같은 것들이 더 있다.

· face to face	· step by step	· day after day
· hand in hand	· from hand to mouth	· day by day
· side by side		

(라) 직위를 나타내는 낱말이 보어로 쓰일 때 관사가 안 쓰인다.

(80) Mr. Blaire again became Prime Minister.

(81) He was elected President.

유사한 용례로 '…자격으로 (in the capacity of)' 라는 의미를 가진 명사 앞에서도 관사가 쓰이지 않는다.

(82) He attended the meeting as advisor.

(마) 마지막으로 관용적이라고 밖에 볼 수 없는 예로, radio에는 관사가 붙지만 television에는 관사가 붙지 않는다.

(83) a. I'll listen to the radio.

b. I'll watch television.

연습문제 43

빈칸에 알맞은 관사를 넣으시오. 관사가 필요하지 않으면 ϕ를 넣으시오.

1. This car is very nice. Does it have (　　　) sun roof?
2. When are you planning to go to (　　　) dentist?
3. Did you find (　　　) book your father gave you?
4. (　　　) gold is a very precious metal.
5. We entered the room. (　　　) window was broken.
6. John came in. He sat down on (　　　) chair.
7. *A*: Where is my blue necktie?
   B: It's in (　　　) closet. I'll bring it for you.
   A: Don't bother. I'll wear (　　　) different tie today.
8. My parents live in (　　　) town house. There is (　　　) beautiful garden in the house. I'd like to have (　　　) garden like that.
9. *A*: Is there (　　　) room for one more people?
   B: I'm afraid not.
10. *A*: Yesterday I ran into (　　　) parked car.
    B: Did you damage (　　　) car?
    A: Yes, (　　　) head light was broken.
    B: What did you do?
    A: I left (　　　) note to (　　　) owner of the car.
11. *A*: Did you have (　　　) nice vacation?
    B: Yes, it was (　　　) best vacation I've ever had.
12. The murderer will be in (　　　) prison for a long

time.

13. *A*: Will you come and take a look at my kitchen?
    B: What is the problem?
    A: (   ) water is dripping from (   ) ceil-ing. I don't know where (   ) leak is.
14. (   ) cats have been domestic pets for a very long time.
15. He has recently found (   ) job in London.
16. Do you know who invented (   ) telephone?
17. Not (   ) trace was there to be found of the lost child.
18. Even when he was a boy, he dreamed of going to (   ) sea.

연습문제 44

예시된 질문에 답을 하시오. 간단한 글로 쓰거나, 말로 이야기해 보시오.

[예시]

Who is the most important person in your life? Why?
When was the most unforgettable moment? Why?
Tell us about one of your precious things. What makes it so precious to you?
Tell us about one of the most exciting trips of your life.

맺음말

주지하는 바와 같이, 6차~7차 교육과정에 의하여 영어의 문법은 중고등학교에서 명시적으로 교육되고 있지 않다. 영어의 문법은 소위 기능 문형(functional patterns)에 "녹아들어" 있으며, 문형과 관련하여 그때그때 관련된 문법을 가르치는 것으로 되어 있다. 이는 너무 문법에 집착하면 영어로 말하는 데 있어서 유창성(fluency)을 기르는 데 장애가 된다는 가정에 근거를 두고 있다. 어쨌든 그 결과 유창성은 늘었을지 모르나, 현재 대학생들은, 중고등학교 학생들은 물론이거니와, 영어를 사용하는데 있어 정확성(accuracy)를 결여하고 있는 것이 사실이다. 이 책은 이러한 문제점을 해결하는 데 조금이나마 도움이 되고자 하였다.

이 책에서 우리는 영어의 문법의 몇 가지 중요한 항목들을 언어학적으로 설명한 후, 먼저 이에 관련된 지식 확인 위주의 연습문제들을 제시하였다. 그러나 현재의 7차 교과과정 정신에 맞는 영어교육을 하려면 이러한 방법은 그리 권장할 만한 것은 되지 못한다. 따라서 의사소통 중심의 언어교육(communicative language teaching) 정신에 맞으면서도, 이 책의 영문법 내용을 중고등학교 내지 대학에서 가르치는데 도움이 될 수 있는 수업 방법이나 전략에 의거한 연습문제들을 여러 군데 제시하였다.

구체적으로, 의사소통 중심 언어교육의 정신에 맞게, 가르치려는 문법사항에 관련된 적절한 의사소통 상황을 설정하고, 교강사와 학생 사이에서, 혹은 학생들 사이에서 다양한 언어 훈련을 하도록 하였다. 이렇게 하면 문법을 무리 없이 익힐 수 있을 것으로 기대한다. 권장할 수 있는 수업 방법으로는 그룹 활동(group work), 교사와 학생 혹은 학생간의 상호 대화(pair work), 토의(discussion), 역할극(role play), 문제 해결 활동(problem-solving activity)과 같은 전략들이다. 교강사들은 이 책에서 예시된 연습문제들을 참고하여, 실제 교육현장에서 보다 효과적인 다양한 연습문제들을 더 많이 개발해 주기를 기대한다. 그렇다면 영어의 문법을 보다 효과적으로 가르칠 수 있을 것으로 생각한다.

참 고 문 헌

문룡. 1987. 고급영문법해설. 서울: 박영사.

박승윤 1990. 기능문법론. 서울: 한신문화사

박승윤, 조준학. 1990. 영어통사론. 서울: 한국방송통신대학 출판부

이성하. 1998. 문법화의 이해. 서울: 한국문화사

Azar, B. S. 1999. *Understanding and Using English Grammar*. New Jersey: Prenctice Hall.

Bak, S. Y. 2003. 'Conditionals in Korean Revisited.' 담화와 인지 12:1. 담화인지언어학회.

Biber, D., Johansson S., Leech, G., Conrad, S. & Fineman, E. 1999. *Longman Grammar of Spoken and Written English Longmans*.

Celce-Murcia & D. Larsen-Freeman. 1999. *The Grammar Book*. Heinle & Heinle.

Declerck, R. 1991. *A Comprehensive Descriptive Grammar of English*. Tokyo: Taikakusa.

Donnellan, K. 1971. 'Reference and definite descriptions.' D. Steinberg & L. Jakobovits eds. *Semantics*. Cambridge: Cambridge University Press.

Grice, P. 1975. 'Logic and conversation.' P. Cole & J. Morgan eds. *Syntax and Semantics* 3: *Speech Acts*. N.Y.: Academic Press.

Haegeman, L. & J. Gueron. 1999. *English Grammar: A Generative Perspective*. Oxford: Balckwell Publishing Co.

Haiman, J. 1978. 'Conditionals are topics.' *Language* 54.

Hopper, P. 1991. 'On some principles of grammaticalization.' Traugott, E. & B. Heine eds. *Approaches to Grammaticalization*. Vol 1. Amsterdam: John Benjamins.

Jespersen, O. 1933. *Essentials of English Grammar*. London: George Allen & Unwin.

__________ 1909~1949. *A Modern English Grammar on Historical Principles*. I–VII. London: George Allen & Unwin.

Kiparsky, P. 1972. Linguistic Universals and Linguistic Change. In A. Keiler ed. *A Reader in Historical and Comparative Linguistics*. N.Y.: Holt, Rinehart & Winston.

Levinson, S. 1983. *Pragmatics*. Cambridge: Cambridge University Press.

Li, C. & S. Thompson. 1976. 'Subject and topic: a new typology of language.' C. Li ed. *Subject and Topic*. N.Y.: Academic Press.

Mathesius. V. 1939/1975. 'On Information-bearing structure of the sentence.' S. Kuno ed. *Harvard Studies in Syntax and Seman-tics*. Vol.1. Harvard University

Murphy R. 2003. *Grammar in Use* (Intermediate). Cambridge: Cambridge University Press.

Quirk, R. & S. Greenbaum. 1976. *A University Grammar of English*. London: Longmans.

Shibatani, M. 1985. 'Passives and related constructions.' *Language* 61:4

Sohn, Ho-min. 1999. *The Korean Language*. Cambridge: Cambridge University Press.

Sweester, E. 1990. *From Etymology to Pragmatics: Metaphorical and Cultural Aspects of Semantics*. Cambridge: Cambridge University Press.

Thomson A. & A. Martinet. 1986. *A Practical English Grammar*. Oxford: Oxford university Press.

Vendler, Z. 1967. *Linguistics and Philosophy*. N.Y.: Cornell University Press.

찾아보기

[ㅁ]

[ㅂ]

[ㅅ]

[ㅇ]

[ㅈ]

저자 약력

저자 박승윤은 서울대학교 사범대학 영어교육과를 졸업하고, 동 대학원에서 영어교육학으로 석사학위를 받았다. 그 후 미국 하와이대학교 대학원에서 언어학으로 박사학위를 얻은 후, 하와이대학교에서 조교수로 근무하였다. 그리고 영국의 런던대학교에서 Hornby Fellow로, 미국의 하바드대학교 옌칭 연구소에서 방문교수로 연구를 하였다.

담화 · 인지 언어학회 회장을 역임하였으며, 현재는 성균관대학교 영어영문학과 교수로 영어학을 강의하고 있다.

저서로는 「기능문법론(1990)」, 「영어통사론(1990)」, 「'밖에'의 문법화 현상(언어 22:1)」, 「Conditionals in Korean Revisited (담화와 인지 10:2)」, 「양보와 조건(담화와 인지 14:1)」 등 다수의 논문이 있다.

개정판
영어문법의 이해

2004년 12월 30일 초판발행
2011년 2월 20일 개정판인쇄
2011년 2월 25일 개정판발행

저 자 박 승 윤
발행인 안 종 만
발행처 (株) 博 英 社
서울특별시 종로구 평동 13-31번지
전화 (733)6771 FAX (736)4818
등록 1959. 3. 11. 제300-1959-1호(倫)

저자와 협의하에 인지 첩부를 생략함

www.pakyoungsa.co.kr e-mail: pys@pakyoungsa.co.kr

정 가 18,000원 ISBN 978-89-6454-115-9